教师口语训练教程

主　编　郑晓春
副主编　曾凤蓉　柳　萍
参加编写人员（按拼音顺序排列）
　　　　蔡丽英　蔡燕燕　陈华红
　　　　柳　萍　曾凤蓉　郑晓春

復旦大學出版社

内容提要

本书为教师口语课程教材，分为导语"普通话与教师职业口语"，以及"四海同音——国家普通话水平等级测试""声声传情——诵读讲演的基础及技巧""点石成金——教师课堂教学口语""谆谆教诲——教师教育口语""脱颖而出——教师资格证与面试口语"5个模块，从国家普通话水平等级测试、教师资格证考试、教师岗位求职应聘、日常教学与教育工作中提炼出17个训练项目、25个具体任务，系统、全面地培养学生说标准普通话，熟练掌握运用口语表达的技能，从而帮助师范专业的学生、相关专业有志于从事教育工作的学生顺利通过相关考试、面试，实现教师梦，胜任岗位工作。

本教材采用活页式装帧，配套丰富的教学资源。扫描书中二维码，即可阅读拓展资料、学习课堂讨论问题点拨、跟读国家级普通话水平测试员示范朗读录音等；登录复旦社云平台（www.fudanyun.cn）搜索本书，就可查看、获取本教材PPT课件等配套资源，也可根据需要下载、打印相关资料，嵌入教材中使用。

序　言

　　《教师口语训练教程》一书紧密围绕党的二十大精神,以落实立德树人为根本任务,遵循可持续发展理念进行设计,难度适中,力图通过提升师范类各专业学生职业口语能力,展现良好的教师职业形象,让他们在教育实践中不断加深对教师职业的理解与情感。

　　在框架的构建上,根据"培养目标-毕业要求"对应矩阵,深入挖掘语言训练与学科素养、教学能力等高度关联的知识点、技能点,以音、态、义紧密结合的动态过程呈现,以师范生的视角、生动的情景导入,言简意赅地浓缩理论精华,直达岗位实践的要点,以全新的方式打通传统教程中的普通话训练、诵读讲演训练和教师职业口语训练之间的隔阂,有效地凸显了教师职业口语训练的高效性。

　　在内容的选择上,从最新的教材中精心选择主旨为中华优秀传统文化、革命文化、社会主义先进文化的故事、诗歌、散文等,关注学生诵读讲演中存在的薄弱环节,培育学生德法兼修的职业素养,渗透师德师风教育,突出规则立德、精益求精的工匠精神。口语训练要点的阐述立足时代,把对家国的爱、对教育的爱、对学生的爱融为一体,坚持以汉语言之美育人、化人,全面提高学生的审美和人文素养,增强文化自信,自觉树立正确的语言艺术观和创作观,旨在使学生习得专业知识、树立崇高的理想信念。

　　通过本课程系统的学习,学生能改善自身的语音面貌,在教育实践中逐步提升自己的专业素养,积极参加课堂主题研讨活动,在教育教学中反思、沟通和创新,能够不断总结经验并乐于与伙伴合作分享,建立良好的互动关系,逐渐成长为有师德规范、教育情怀、学科素养、教学能力的教师。

　　本书的主要特点如下:

　　1. 新。融合"立德树人"内容,设有"思想引领""思政加油站"栏目。坚持知行合一、工学结合,校企深度合作,以促进学生的可持续发展为出发点,紧密围绕教育快速发展对于技术技能人才的需求,及时纳入教育的新规范、新要求、新做法。紧扣教育岗位技术技能需求,总结归纳核心能力,在任务训练中体现创新意识的培养。充分发挥现代信息技术,增设拓展阅读、音频、视频等二维码资源,配套的学习平台"复旦社云平台"也不断地更新资料,配合线上线下同步学习。例如,本书采用最新版(从2024年1月1日开始实施)普通话水平测试朗读篇目和说话题目。

　　2. 活。与时俱进,采用"新型活页式教材"的编写方式,具备结构化、形式化、模块化、灵活性、重组性及趣味性等诸多符合教学和自主学习要求的特征,以灵活的模块组合与装订形式呈现,将教师教学的"教材"转变为学生自主学习的"学材"。本教材以"一体化活页学材"形式呈现,有典型案例、功能插页、任务评测表等,可评可测,把知识内容表格化,将技能点的学习落到实处。师生登录"复旦社云平台"（www.fudanyun.cn），搜索本书，即可下载、打印《普通话水平测试用必读轻声词语表》《普通话水平测试用儿化词语表》《普通话水平测试朗读作品50篇》等，嵌入本活页教材中使用。

3. 实。本教材为岗、课、赛、证深度融合的教材，根据教育岗位能力指标逐级分解提炼专业技术技能点，结合《幼儿园教师专业标准》《小学教师专业标准》《教师教育课程标准（试行）》《普通话水平测试实施办法》《中小学教师资格考试暂行办法》等展开。针对教师工作岗位、师范生技能大赛、普通话水平测试证书、教师资格证所需要的技能进行理论精讲和实操实践，形成模块化课程，让学生在"做中学""学中做"，着眼于未来从事教师工作必备的职业技能和教师专业素养，对标新课堂、新模式、新教育的发展。

本书主编为国家级普通话水平测试员，获评教育部表彰的"国家通用语言文字推广普及先进个人"，省优秀教师、省优秀普通话测试员、省首批语言文字专家库成员，长期从事语言文字教学研究工作，主讲的教师口语获得省教育厅认定的教师教育教学课程思政示范项目。编委由名校资深教师组成，有的是全国五一巾帼标兵，有的是省优秀教师，在省、市教师教学技能大赛获奖多项，专业素质佳，教学经验丰富，严谨认真。

本书撰写分工如下：导语和模块一、二由郑晓春编写，模块三由蔡燕燕、蔡丽英编写，模块四由曾凤蓉编写，模块五由柳萍、陈华红编写。PPT课件以及相关教学资料由郑晓春提供。全书由郑晓春统稿、修改。

本书是全体编者多年语言教学经验的结晶，凝聚着大家的智慧和激情的汗水。在编写的过程中，参阅了大量的文献资料，吸收了众多同行、专家、学者有关研究成果。凡所引用的著述及观点，均在主要参考书目中尽量注明，尽管如此，也难免有遗珠之憾。在此，敬请原著作者谅宥，并向原著作者致以诚挚的敬意。感谢张蔓菁、唐李宇轩、洪嘉崃参与插图的拍摄。

本书适合师范类各专业、中小学教师技能职前职后培训和各类语言培训机构使用。我们真诚地希望您能借助《教师口语训练教程》这有力的臂膀，以坚定的脚步迈上三尺讲坛，以充满魅力的声音开启人生辉煌的职业生涯！

编　者

2024年8月

全书框架导图

- ★导语：普通话与教师职业口语

- ★模块一：四海同音——国家普通话水平等级测试
  - 项目一：单音节字词与多音节词语训练
    - 任务1-1-1：读准单音节字词
    - 任务1-1-2：读准多音节词语
  - 项目二：朗读短文和命题说话训练
    - 任务1-2-1：朗读短文
    - 任务1-2-2：命题说话

- ★模块二：声声传情——诵读讲演的基础及技巧
  - 项目一：用气发声与吐字归音技巧训练
    - 任务2-1-1：用气发声与共鸣控制训练
    - 任务2-1-2：吐字归音训练
  - 项目二：态势语言训练
    - 任务2-2-1：态势语言训练
  - 项目三：诵读基础及技巧训练
    - 任务2-3-1：停连与重音的表达
    - 任务2-3-2：语气与语调的表达
    - 任务2-3-3：节奏的转换
    - 任务2-3-4：诗歌的诵读
    - 任务2-3-5：小说、故事的诵读
    - 任务2-3-6：散文、童话、寓言的诵读
  - 项目四：演讲基础及技巧训练
    - 任务2-4-1：演讲的基础及技巧训练
  - 项目五：课本剧编排与表演训练
    - 任务2-5-1：课本剧的编排与表演训练

- ★模块三：点石成金——教师课堂教学口语
  - 项目一：导入语与讲授语训练
    - 任务3-1-1：导入语与讲授语训练
  - 项目二：提问语与结束语训练
    - 任务3-2-1：提问语与结束语训练
  - 项目三：应变语训练
    - 任务3-3-1：应变语训练

- ★模块四：谆谆教诲——教师教育口语
  - 项目一：沟通语与启迪语训练
    - 任务4-1-1：沟通语与启迪语训练
  - 项目二：表扬语与批评语训练
    - 任务4-2-1：表扬语与批评语训练
  - 项目三：说服语训练
    - 任务4-3-1：说服语训练

- ★模块五：脱颖而出——教师资格证与面试口语
  - 项目一：结构化问答训练
    - 任务5-1-1：结构化问答训练
  - 项目二：片段教学训练
    - 任务5-2-1：片段教学训练
  - 项目三：说课训练
    - 任务5-3-1：说课训练
  - 项目四：答辩训练
    - 任务5-4-1：答辩训练

教师口语训练教程

目　　录

导语　普通话与教师职业口语 0-1

模块一　四海同音——国家普通话水平等级测试 1-1

　　项目一　单音节字词与多音节词语训练 1-3
　　项目二　朗读短文和命题说话训练 1-29

模块二　声声传情——诵读讲演的基础及技巧 2-1

　　项目一　用气发声与吐字归音技巧训练 2-3
　　项目二　态势语言训练 2-13
　　项目三　诵读基础及技巧训练 2-19
　　项目四　演讲基础及技巧训练 2-50
　　项目五　课本剧编排与表演训练 2-63

模块三　点石成金——教师课堂教学口语 3-1

　　项目一　导入语与讲授语训练 3-3
　　项目二　提问语与结束语训练 3-8
　　项目三　应变语训练 3-13

模块四　谆谆教诲——教师教育口语　　4-1

项目一　沟通语与启迪语训练　　4-3
项目二　表扬语与批评语训练　　4-7
项目三　说服语训练　　4-12

模块五　脱颖而出——教师资格证与面试口语　　5-1

项目一　结构化问答训练　　5-3
项目二　片段教学训练　　5-13
项目三　说课训练　　5-36
项目四　答辩训练　　5-45

主要参考书目　　5-48

导语　普通话与教师职业口语

> 花无根会枯萎,树无根会枯死,人无根便没了灵魂。母语是根,只有根深才有叶茂,才有欣欣向荣。国际母语日,热爱母语,将母语发扬光大,是我们的荣耀和职责!愿我们的母语根深叶茂,花开花红,常开不败。
>
> ——国际母语日宣传语

每年的2月21日是联合国教科文组织设定的"国际母语日"。设立"国际母语日",旨在倡导母语教育,保障母语权利,保护濒危语言,促进语言文化多样性。

思想引领

习近平总书记在党的二十大报告中强调:"加快构建中国话语和中国叙事体系,讲好中国故事、传播好中国声音,展现可信、可爱、可敬的中国形象。"中华民族有着五千多年的文明史,中国综合国力和国际地位不断提升,我们有增强国际话语权的信心和底气,促使世界读懂中国、读懂中国人民、读懂中国共产党、读懂中华民族,让世界更多的人了解、理解并共享中国精神、中国价值,将有效提升我国文化软实力、彰显中华文化影响力,从而为人类文明进步作出新的更大贡献。(来自人民网)

思政加油站

周恩来总理善于辞令,才华横溢,在风云变幻的国际政治生活中不仅长了中国人民的志气,也大大提高了新中国的国际地位和声望。在中美准备建交之际,美国前国务卿基辛格曾对周恩来总理说:"我发现你们中国人走路都喜欢弓着背,而我们美国人走路大都是挺着胸。这是为什么?"周总理回答道:"这个好理解,我们中国人走上坡路,当然是弓着背的;你们美国人在走下坡路,当然是挺着胸的。"说完,哈哈大笑。总理的回答,既有反唇相讥的意味,又带着半开玩笑的情趣,既不影响谈话的友好气氛,又符合当时说话的场景和说话者的身份。

懂得语言艺术的人,往往善于准确、生动地表达自己的思想感情,办事往往圆满,进而一步步走向人生的辉煌。反之,不懂得语言艺术的人,不但自己会陷入困境,甚至可能会给所在的单位、部门造成难以估量的损失。因此,交际能力和表达能力成为现代人才的基本素质。

知识技能点

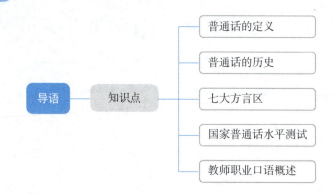

理论精粹

知识点一：普通话的定义

普通话是以北京语音为标准音，以北方话为基础方言，以典范的现代白话文著作为语法规范的现代汉民族共同语。它不仅是汉民族的共同语，也是中华民族通用的语言。

知识点二：普通话的历史

普通话是《中华人民共和国国家通用语言文字法》规定的国家通用语言，也是联合国6种工作语言之一。普通话也被称为"国语"，在新加坡、马来西亚被称为"华语"。普通话历史发展参见图0-1。

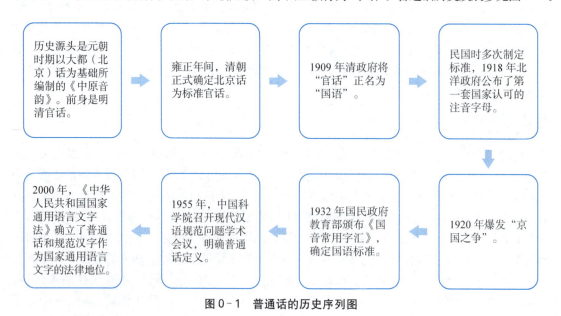

图0-1 普通话的历史序列图

知识点三：七大方言区

普通话是现代汉民族的共同语。《中华人民共和国宪法》明确规定："国家推广全国通用的普通话。"在全国范围内大力推广普通话，并不意味着要消灭方言，而是要求方言区的人除了说本地方言外,还要会说普通话。

　　汉语方言俗称地方话,是局部地区使用的语言。汉语的各种方言都是从古代汉语发展而来的,每种方言的语音系统、词汇系统、语法系统都和古代汉语有着直接的血缘关系。作为汉语的分支,它们在语音、词汇、语法方面有相通之处。学术界普遍认为我国主要有七大方言区(见表0-0-0-1),闽方言、粤方言同普通话的差别最大,吴方言次之,其他方言与普通话的差别较小。

表0-0-0-1　七大方言区概况一览表

方言区	代表话	主要分布地区
北方方言区	北京话	东北、华北、西北、西南、江淮一带
吴方言区	上海话	江苏省南部地区、上海市、浙江省、江西省东北部
湘方言区	长沙话	湖南省的大部分地区
赣方言区	南昌话	江西省大部分地区和湖北省的东南一带
客家方言区	梅县话	广东省东部和北部地区、广西壮族自治区部分地区、江西省南部、福建省西部,以及湖南省、四川省、台湾地区的部分地区
粤方言区	广州话	广东省珠三角、广西壮族自治区东南部地区和香港特别行政区、澳门特别行政区
闽方言区	闽东方言——福州话 闽南方言——厦门话	福建省、海南省、台湾地区,以及广东省潮汕地区和雷州半岛

　　方言是文化的载体,是情感的纽带,也是交际的工具。珍视方言,记住乡愁。

实训

1. 小组交流。
　　我的家乡是_____,属于_____方言区,讲_____话,代表话是_____。
　　我家乡的方言与普通话的区别是:_____
　　例如:_____

2. 请在圆圈里为自己的家乡话所属的方言区涂上色彩。

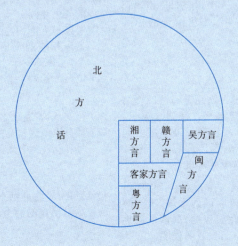

知识点四：国家普通话水平测试

《中华人民共和国国家通用语言文字法》第十九条规定："凡以普通话作为工作语言的岗位，其工作人员应当具备说普通话的能力。""以普通话作为工作语言的播音员、节目主持人和影视话剧演员、教师、国家机关工作人员的普通话水平，应当分别达到国家规定的等级标准。"普通话水平测试等级标准与试卷编制参见表0-0-0-2、表0-0-0-3。

表0-0-0-2　普通话水平测试等级标准

级别	等级	分数	从业人员的普通话水平达标要求
一级	甲等	97分—100分	国家级和省级广播电台、电视台的播音员、节目主持人
	乙等	92分—96.9分	普通话语音教师，话剧、电影、电视剧、广播剧等表演、配音演员，播音主持专业和影视表演专业师生
二级	甲等	87分—91.9分	语文教师、对外汉语教学教师，公共服务行业的特定岗位人员（如广播员、解说员、话务员等）
	乙等	80分—86.9分	中小学及幼儿园、校外教育单位的教师、师范类专业以及各级职业学校与口语表达密切相关专业的学生
三级	甲等	70分—79.9分	国家公务员
	乙等	60分—69.9分	

表0-0-0-3　普通话水平测试试卷编制

题号	目的	内容
第一题：读单音节字词（100个音节，不含轻声、儿化音节）	考查应试人声母、韵母、声调的发音	（1）100个音节中，70%选自《普通话水平测试用普通话词语表》"表一"，30%选自"表二" （2）100个音节中，每个声母出现次数一般不少于3次，每个韵母出现次数一般不少于2次，4个声调出现次数大致均衡 （3）音节的排列要避免同一测试要素连续出现
第二题：读多音节词语（100个音节）	测查应试人声母、韵母、声调和变调、轻声、儿化读音的标准程度	（1）70%的词语选自《普通话水平测试用普通话词语表》"表一"，30%选自"表二" （2）声母、韵母、声调出现的次数与读单音节字词的要求相同 （3）上声与上声相连的词语不少于3个，上声与非上声相连的词语不少于4个，轻声不少于3个，儿化不少于4个（应为不同的儿化韵母） （4）词语的排列要避免同一测试要素连续出现
第三题：朗读短文（1篇，400个音节）	测查应试人使用普通话朗读书面作品的水平。在测查声母、韵母、声调读音标准程度的同时，重点测查连读音变、停连、语调以及流畅程度	（1）短文从《普通话水平测试实施纲要》中选取 （2）评分以朗读作品的前400个音节（不含标点符号和括注的音节）为限
第四题：命题说话（3分钟）	测查应试人在无文字凭借的情况下说普通话的水平，重点测查语音标准程度、词汇语法规范程度和自然流畅程度	说话话题从《普通话水平测试实施纲要》中选取，由应试人从给定的两个话题中选定1个话题，连续说一段话

普通话水平测试试卷评分标准

结合表0-0-0-4普通话水平自测评分表,对自己的普通话水平进行自测。

国家普通话水平测试模拟试题

一、读单音节字词(10分,限时3.5分钟)

课	挖	迥	您	进	穿	砍	灭	居	陪
捉	铝	琼	尊	废	耽	洽	宾	垮	屯
河	女	汹	谅	惹	牙	敦	粉	抱	泼
泻	高	恨	职	娟	悬	粤	姜	爽	膜
靴	掠	嘲	且	苍	虐	醒	框	绒	紫
实	剖	爪	盯	摇	挡	慈	某	蹭	饺
雾	歪	宏	肆	艘	若	扔	浓	拽	悠
查	匀	修	藕	骂	绷	扶	虽	语	缫
钙	潜	惨	天	岸	熏	涂	辣	海	醉
挤	垫	栓	娶	评	骏	搁	笛	搀	北

二、读多音节词语(20分,限时2.5分钟)

温暖	赠品	原谅	牺牲	讨论
瑞雪	不断	栽花	松懈	大伙儿
饲料	运筹	确信	军装	否定
平庸	翡翠	造反	压迫	金鱼儿
聪明	比较	网球	榜样	整齐
转变	害羞	草莽	赤字	嗓门儿
越轨	衰竭	可以	趣味	举手
招呼	版权	赛马	儿孙	安静
差点儿	风筝	指引	效力	困难
特殊	锐利	伺候	退赔	快乐

三、朗读短文(30分,限时4分钟)

　　立春过后,大地渐渐从沉睡中苏醒过来。冰雪融化,草木萌发,各种花次第开放。再过两个月,燕子翩然归来。不久,布谷鸟也来了。于是转入炎热的夏季,这是植物孕育果实的时期。到了秋天,果实成熟,植物的叶子渐渐变黄,在秋风中簌簌地落下来。北雁南飞,活跃在田间草际的昆虫也都销声匿迹。到处呈现一片衰草连天的景象,准备迎接风雪载途的寒冬。在地球上温带和亚热带区域里,年年如是,周而复始。

　　几千年来,劳动人民注意了草木荣枯、候鸟去来等自然现象同气候的关系,据以安排农事。杏花开了,就好像大自然在传语要赶快耕地;桃花开了,又好像在暗示要赶快种谷子。布谷鸟开始唱歌,劳动人民懂得它在唱什么:"阿公阿婆,割麦插禾。"这样看来,花香鸟语,草长莺飞,都是大自然的语言。

　　这些自然现象,我国古代劳动人民称它为物候。物候知识在我国起源很早。古代流传下来的许多农谚就包含了丰富的物候知识。到了近代,利用物候知识来研究农业生产,已经发展为一门科学,就是物候学。物候学记录植物的生长荣枯、动物的养育往来,如桃花开、燕子来等自然现象,从而了解随着时节//推移的气候变化和这种变化对动植物的影响。

(节选自竺可桢《大自然的语言》)

四、命题说话(下列话题任选一个,共40分,限时3分钟)
  1. 我欣赏的历史人物 2. 谈中国传统文化

表 0-0-0-4 普通话水平自测评分表

班级:_____ 姓名:_____ 学号:_____ 完成时间:_____		
任务名称:_____ 评测人:_____ 组长签字:_____		
第一题 (限时3.5 分钟)		错误(扣0.1分/字)共_____字,扣_____分。 缺陷(扣0.05分/字)共_____字,扣_____分。 超时(1分钟内扣0.5分,1分钟以上扣1分)扣_____分。 本项共扣_____分。
第二题 (限时2.5 分钟)		错误(扣0.2分/字)共_____字,扣_____分。 缺陷(扣0.1分/字)共_____字,扣_____分。 超时(1分钟内扣0.5分,1分钟以上扣1分)扣_____分。 本项共扣_____分。
第三题 (限时4 分钟)		错读、漏读、增读(每个音节扣0.1分)共_____音节,扣_____分。 声母或韵母的系统性语音缺陷(视程度扣0.5分、1分)扣_____分。 语调偏误(视程度扣0.5分、1分、2分)扣_____分。 停连不当(视程度扣0.5分、1分、2分)扣_____分。 朗读不流畅(包括回读,视程度扣0.5分、1分、2分)扣_____分。 本项共扣_____分。
第四题 (限时3 分钟)		(1) 语音标准程度,共25分。分六档:_____档,扣_____分。 一档:语音标准或极少有失误。(扣0分、1分、2分) 二档:语音错误在10次以下,有方音但不明显。(扣3分、4分) 三档:语音错误在10次以下,但方音比较明显;或语音错误在10—15次之间,有方音但不明显。(扣5分、6分) 四档:语音错误在10—15次之间,方音比较明显。(扣7分、8分) 五档:语音错误超过15次,方音明显。(扣9分、10分、11分) 六档:语音错误多,方音重。(扣12分、13分、14分) (2) 词汇语法规范程度,共10分。分三档:_____档,扣_____分。 一档:词汇、语法规范。(扣0分) 二档:词汇、语法偶有不规范的情况。(扣1分、2分) 三档:词汇、语法屡有不规范的情况。(扣3分、4分) (3) 自然流畅程度,共5分。分三档:_____档,扣_____分。 一档:语言自然流畅。(扣0分) 二档:语言基本流畅,口语化较差,有背稿子的表现。(扣0.5分、1分) 三档:语言不连贯,语调生硬。(扣2分、3分) (4) 说话不足3分钟,酌情扣分。分三档:_____档,扣_____分。 一档:缺时1分钟以内(含1分钟),扣1分、2分、3分。 二档:缺时1分钟以上,扣4分、5分、6分。 三档:说话不满30秒(含30秒),本测试项成绩计为0分。

续表

本项共扣＿＿＿＿分。
(5) 离题、内容雷同:视程度扣 4 分、5 分、6 分。
无效话语,累计占时酌情扣分:
1 分钟以内(含 1 分钟),扣 1 分、2 分、3 分。
1 分钟以上,扣 4 分、5 分、6 分。
不满 30 秒(含 30 秒),本测试项成绩计为 0 分。
本项共扣＿＿＿＿分。

总分:＿＿＿＿

职场瞭望

知识点五:教师职业口语概述

1. 教师口语课程性质

苏霍姆林斯基曾言:"教师的语言素养在极大程度上决定着学生在课堂上脑力劳动的效率。"孔子也云,"言之无文,行而不远",说话如果没有文采、不讲艺术性,就不能打动人,因而也不能广泛地流传。教师的语言对学生有着潜移默化的影响,其语言的优劣直接关系着课堂教学的效果,制约着教学效率的高低。教师的语言不仅要讲求科学性、规范性,还要讲求艺术性。

教师口语课程为基于对教师口语运用规律研究的一门应用语言课程,是在理论指导下培养教育专业学生在教育教学过程中运用口语能力的实践性很强的教师职业技能训练课程。

(1) 有很强的师范性和儿童性。

师范性是指担任教师教育工作,着眼点在于提高师范生的职业能力和素养;儿童性是指从教育对象——儿童的身心发展特点出发,在尊重儿童、了解儿童的基础上,使教育教学语言富有童真童趣。

(2) 理实结合,有很强的实践性。

随着基础教育的改革,教育形势日新月异,教师需要更加重视理论素养的提升。本课程努力以现代汉语、应用语言学等基本理论为先导,吸收教育学、心理学、发声学、朗读学、交际学、美学等学科的研究成果,具有一定的理论高度。

作为一门实践类课程,教师口语课程的教学方式主要是训练。语音清晰、语句流畅、语调生动、语脉有逻辑、话语有分寸、话题能顺利沟通,都必须在情境中通过训练才能提高。

(3) 有很强的人文性。

在本课程的语言实践中,不仅能训练口语表达能力,还能树立正确的价值观和良好的道德观,提升对文本的解读能力、对有声语言艺术的欣赏能力和表现能力,感知美、创造美。本课程教育教学口语训练中贯穿着新课程改革的理念,体现着新型的师生关系,引导师范生正确认识并努力实践其与学生沟通、引导、组织等教育功能。

2. 教师职业口语课程内容

在通过国家普通话水平等级测试二级(或二级以上)的基础上,要学习的内容有:掌握用气发声与吐字归音技巧;丰富态势语言;掌握诵读语言表达技巧,并能有感情、流畅、生动地诵读不同体裁课文;掌握教师课堂教学、教育口语,顺利通过教师资格证与考编面试的口语考核。

3. 教师应具备的口语能力

教师口语训练课程要求学生能够掌握教育工作必备的教师口语基础理论与职业口语、交际口语基本技能,并学会综合利用与口语相关的教学资源,灵活运用教师口语开展教育活动。

应具备的口语能力有:

(1) 具有准确、清晰、流利的普通话语音面貌,普通话水平达二级。

(2) 善于倾听,语言思维逻辑清晰、有条理,有较强的读、讲能力。

(3) 教育教学口语能明白简洁、趣味直观、生动形象、科学准确。

(4) 有语言调控能力,自然、自信、灵活。

 实训

参照表0-0-0-5,对自己的口语能力进行自测。

表0-0-0-5 口语能力自测表

班级:_____ 姓名:_____ 学号:_____ 完成时间:_____		
任务名称:_____ 评测人:_____ 组长签字:_____		
测试题:每题均有两个测试结果:"是""否"。答一个"是",得1分。		
1. 我在表达自己的情感时,很难选择准确、恰当的词汇。	是□	否□
2. 别人偶尔会难以准确地理解我口语所要表达的意思。	是□	否□
3. 我不善于与和我观念不同的人交流。	是□	否□
4. 我对连续不断的说话感到困难。	是□	否□
5. 我无法流畅地读一篇文章。	是□	否□
6. 我时常避免表达自己的感受。	是□	否□
7. 在给一位不太熟悉的人打电话时我会感到紧张。	是□	否□
8. 向别人打听事情对我而言是困难的事。	是□	否□
9. 我不习惯在众人面前表达自己的观点。	是□	否□
10. 我觉得同陌生人说话有些困难。	是□	否□
11. 同老师谈话时,我感到紧张。	是□	否□
12. 我在演说时思维变得混乱和不连贯。	是□	否□
13. 我不善于察言观色,无法通过语气语调很好地识别别人的情感。	是□	否□
14. 我不喜欢在大庭广众面前讲话。	是□	否□
15. 我的文字表达能力远比口头表达能力强。	是□	否□
16. 我无法在一位内向的朋友面前轻松自如地谈论自己的情况。	是□	否□
17. 我不善于说服人,尽管有时我觉得很有道理。	是□	否□
18. 我不能自如地用非口语(眼神、手势、表情等)表达感情。	是□	否□
19. 我不善于赞美别人,感到很难把话说得自然亲切。	是□	否□
20. 我不喜欢即兴口语表达。	是□	否□
得分:		

说明:得分在14分以上表示语言表达能力较弱;9—14(含)分表示一般;5—8(含)分表示较好;5分以下表示语言表达能力非常好。

模块一　四海同音

——国家普通话水平等级测试

《中华人民共和国国家通用语言文字法》第十条规定,"学校及其他教育机构以普通话和规范汉字为基本的教育教学用语用字",全面加强国家通用语言文字教育,是铸牢中华民族共同体意识的重要途径。语言相通增进心灵沟通,筑牢民族团结之根,凝聚民族和睦之魂,以全面认同为民族复兴凝聚合力,推动各民族共同团结奋斗,共同繁荣发展。

岗位能力要求

参加普通话水平测试,获取相应的等级证书是取得教师资格证的必备条件之一,语文教师要达到二级甲等水平,其他学科教师须达到二级乙等水平。

思想引领

为贯彻落实习近平总书记关于推广普及国家通用语言文字的重要指示批示精神,落实全国语言文字会议精神部署要求,进一步落实《中华人民共和国国家通用语言文字法》,教育部颁布新修订的《普通话水平测试规程》,于2023年1月13日起正式施行。

《普通话水平测试规程》

模块导学

要读准单音节字词和双音节词语,必须读准字音的声母、韵母、声调,掌握语流音变规律。在朗读时,要克服语调偏误和停连不当。说话时,要准确审题、认真构思,做到准确、流畅。

国家普通话水平测试考查考生说普通话时,在语音、词汇和语法方面的规范程度。

1. 语音规范

普通话以北京语音为标准音。发音时,要从字音的声母、韵母、声调等方面着手,做到咬准字头,发响字腹,收全字尾,读准字调以及掌握语流音变规律。

2. 词汇规范

普通话以北方话为基础方言,它的词汇是在北方方言词语的基础上规范而成的。因此,词汇规范就要克服方言词语,正确运用普通话的词汇。

3. 语法规范

普通话的语法是以典范的现代白话文著作为语法规范。要遵守现代汉语语法规则,正确掌握停连、重音、语调等,做到准确、流畅地朗读和说话。

项目一　单音节字词与多音节词语训练

任务 1-1-1　读准单音节字词

📋 任务描述

《普通话水平测试大纲》规定,单音节字词测试的目的是"测查应试人声母、韵母、声调读音的标准程度"。要求应试人在 3.5 分钟之内读完 100 个音节。语音错误,每个音节扣 0.1 分。语音缺陷,每个音节扣 0.05 分。

因此,应试人在读 100 个单音节字词时,一定要把每个音节的声、韵、调都读到位,力求字正腔圆。同时,应试时还应注意以下几点:

(1) 横向朗读,读时要一字一顿,切忌连着读,要把每个音节的声、韵、调读完整,特别是上声。

(2) 遇到不认识的字可以按形声字规律尝试着读,不要放弃或跳过(漏读的音节也作错误处理)。

(3) 发现读错,可以及时纠正,评分以第二遍读音为准,但隔字改读无效。

(4) 遇到多音字,可读其任何一个规范读音(音变除外)。

📖 知识技能点

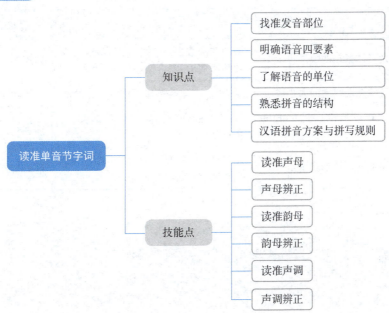

理论精粹

知识点一:找准发音部位

语音是由人的发音器官发出来的能够表示一定意义的声音,具有生理属性、物理属性和社会属性,其中社会属性是语言的本质属性。

人的发音器官可以分为肺部和气管,喉头和声带,口腔和鼻腔三个部分。找准普通话语音的发音部位,了解语音的生理性质,可以帮助我们掌握正确的发音方法,有助于学好普通话。

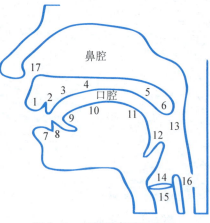

图 1-1 口腔和鼻腔示意图

1—上唇;2—上齿;3—齿龈;4—硬腭;5—软腭;6—小舌;7—下唇;8—下齿;9—舌尖;10—舌面;11—舌根;12—咽腔;13—咽壁;14—声带;15—气管;16—食道;17—鼻孔

> **实训**
>
> 同桌之间,一人说数字,一人马上说出图 1-1 中该数字代表的器官的名称。看看谁说得又快又准。
>
> **学习记录**
> 我说错的部位是_____
> _____。

知识点二:明确语音四要素

语音和其他声音一样,具有音高、音强、音长和音色四种要素。这四个要素在普通话里有不同的作用,概述如表 1-1-1-1。

表 1-1-1-1 语音物理性质表

要素	决定因素	意义	在语音里的作用
音高	由发音体振动的快慢决定	振动的次数多,频率高,声音就高;振动的次数少,频率低,声音就低	体现四声不同的调值
音强	由音波振动幅度的大小决定	振幅大,声音就强;振幅小,声音就弱	决定轻声和重读
音长	由发音体振动时间的长短决定	音波存在时间长,音长就长;时间短,音长就短	体现轻声
音色	由声波的不同形状决定	发音体、发音方法、发音时共鸣器形状不同,造成音色不同	区分音素

语言的社会性质

> **实训**
>
> 请将"A 音高""B 音强""C 音长""D 音色"填入以下空格中。
> (1)"kōu"与"kǒu"区别在( )。

(2)"fēng zheng"这个词,读的时候,fēng 比 zheng(　　)更强,(　　)更长。
(3)b 与 p 读起来不一样,因为两者(　　)不同。

知识点三:了解语音的单位

1. 音节

音节是语音的基本结构单位,是自然感到的最小的语音片段。在听觉上最容易分辨出来。一般说来,一个汉字就是一个音节,但也有极少数例外,如儿化音节是一个音节,写下来却是两个汉字:"cǎor"(草儿)。

2. 音素

音素是构成音节的最小单位或最小的语音片段,它是从音色的角度划分出来的,代表着一个不能再分拆的音。普通话共有 32 个音素。每个音素具有不同的音色。音素按发音情况不同,可分为元音和辅音。

元音,也叫母音,发音时,颤动声带,声音响亮,呼出的气流不受阻碍。辅音,也叫子音,发音时,有的颤动声带,如 m、n、l;有的不颤动声带,如 s、sh、x。辅音声音一般不响亮,气流在口腔受到不同部位、不同方式的阻碍。普通话元音音素和辅音音素见表 1-1-1-2。元音音素和辅音音素发音对比见表 1-1-1-3。

表 1-1-1-2　普通话元音音素和辅音音素表

音素	音　素　符　号
元音音素	普通话的元音音素有 10 个:a、o、e、ê、i、u、ü、-i(前)、-i(后)、er
辅音音素	普通话的辅音音素有 22 个:b、p、m、f、d、t、g、k、z、c、zh、ch、j、q、f、s、sh、r、x、h、m、n、ng、l

表 1-1-1-3　普通话元音音素和辅音音素发音对比简明表

音素	气流是否受阻	发音器官各部位紧张状态	气流	声带是否颤动	声音是否响亮
元音音素	否	均衡的紧张状态	较弱	是	比较响亮
辅音音素	是	构成阻碍的部位比较紧张,其他部位比较松弛	较强	除 m、n、l、r 外,声带不颤动	除 m、n、l、r 外,声音不响亮

实训

1. 下列各音素,哪些是元音?哪些是辅音?
   b、m、u、i、g、j、e、n、a、ng、zh
   元音:_____
   辅音:_____

2. 指出下列音节中各有几个元音和辅音。
　　（1）xiao_____　（2）tou_____　（3）zhou_____　（4）zhi_____

知识点四：熟悉拼音的结构

　　声母就是一个音节开头的辅音。普通话有 21 个声母，er、ai 这样的音节没有辅音声母，叫作零声母音节。

　　韵母就是声母后面的部分。普通话有 39 个韵母。它主要是由元音构成的（鼻韵母有鼻辅音 n 或 ng 作韵尾）。韵母分为韵头、韵腹和韵尾。例如：ian 中 i 是韵头，a 是韵腹，n 是韵尾。只有一个元音的韵母，这个元音就是韵腹，如 i、a。做韵头的元音只有 i、u、ü，如 ia、ua、üe。做韵尾的只有元音 i、o(u) 和鼻辅音 n、ng，如 ai、ao、an、ang。

　　声调就是音高的变化，即一个音节高低升降的变化。有阴平、阳平、上声、去声四个声调。声调不同，就构成了不同的音节，代表不同的意义。

　　汉语有非常丰富的词汇，声母和韵母相拼构成的基本音节（包括零声母音节）只有 400 多个，加上声调的区别有 1 200 多个音节。这 1 200 多个音节的能量非常大，它们构成了汉语里成千上万的词。

实训

　　"普通话"三个字有_____个音节_____个音素，含有_____个元音音素，_____个辅音音素。
　　"普"的声母是_____，韵母是_____，声调是_____。
　　"通"的声母是_____，韵母是_____，声调是_____。
　　"话"的声母是_____，韵母是_____，声调是_____。

知识点五：《汉语拼音方案》与拼写规则

　　《汉语拼音方案》是根据普通话语音系统制定的一个给汉字注音和拼写普通话语音的方案，是中华人民共和国法定的拼音方案，是世界文献工作中拼写有关中国的专用名词和词语的国际标准。1958 年 2 月 11 日，由第一届全国人民代表大会第五次会议批准公布推行。

　　《汉语拼音方案》包括字母表、声母表、韵母表、声调符号和隔音符号五个部分。字母表规定了字母的形体、名称及排列顺序，26 个字母可以拼写普通话语音里所有的音节。声母表和韵母表是根据普通话语音结构特点制定的，26 个字母除字母 v 外（只用来拼写外来语、少数民族语言和方言）可以配合成普通话里 21 个声母和 39 个韵母。

　　2012 年 6 月 29 日，《汉语拼音正词法基本规则》(GB/T 16159 - 2012) 由中华人民共和国国家质量监督检验检疫总局和中国国家标准化管理委员会发布，并于同年 10 月 1 日实施。它规定了用《汉语拼音方案》拼写现代汉语的规则，内容包括分词连写规则、人名地名拼写规则、大写规则、标调规则、移行规则、标点符号使用规则等。此外，为了适应特殊的需要，还规定了一些

《汉语拼音正词法基本规则》

变通规则。该规则适用于文化教育、编辑出版、中文信息处理及其他方面的汉语拼音拼写。

在表1-1-1-4中,完成拼写检测。

表1-1-1-4 拼写检测表

班级：	姓名：	学号：	完成时间：		
任务名称：		评测人：		组长签字：	
内容	请给下面一段话注音:(声母、韵母、声调一处错扣1分,注意词语的连写) 天空的霞光渐渐地淡下去了,深红的颜色变成了绯红,绯红又变成浅红。最后,当这一切红光都消失了的时候,那突然显得高而远了的天空,则呈现出一片肃穆的神色。最早出现的启明星,在这蓝色的天幕上闪烁起来了。它是那么大,那么亮,整个广漠的天幕上只有它在那里放射着令人注目的光辉,活像一盏悬挂在高空的明灯。(选自峻青《海滨仲夏夜》)				
我的答案					
错误原因					
总分					

实践精粹

技能点一:读准声母

1. 声母的定义及作用

声母是指一个音节开头的辅音。普通话有21个辅音声母。如果音节开头没有辅音作声母,叫零声母音节。例如:阿、额、恩。声母发音的准确程度关系到普通话吐字是否清晰,它有区别语义,增强音节的清晰度、力度和亮度的作用。例如:诗人(shīrén)—私人(sīrén)。

2. 声母的分类

(1) 按发音部位分类。

声母发音的共同特点是气流在一定部位受到阻碍,通过某种方式冲破阻碍发出音来,受阻的部位就是发音部位。普通话的21个辅音声母根据发音部位的不同可以分成七大类。

双唇音:b、p、m,发音时,上唇和下唇构成阻碍。

唇齿音:f,发音时,上齿和下唇靠拢构成阻碍。

舌尖前音:z、c、s,发音时,舌尖和上齿背接触或接近形成阻碍,也叫平舌音。

舌尖中音:d、t、n、l,发音时,舌尖和上齿龈接触形成阻碍。

舌尖后音:zh、ch、sh、r,发音时,舌尖和硬腭前沿接触或接近形成阻碍,也叫翘舌音。

舌面音:j、q、x,发音时,舌面前部和硬腭前部接触或接近形成阻碍。

舌根音：g、k、h，发音时，舌根（即舌面后部）和软腭接触或接近形成阻碍，也叫舌面后音。

> **实训**
>
> 将图中横线部分的内容补充完整。

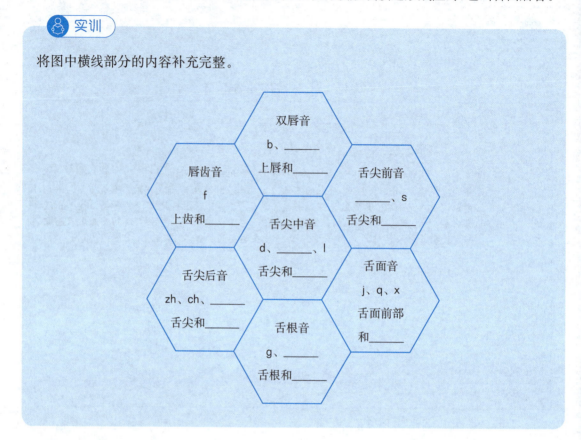

(2) 按发音方法分类。

发音方法是指发辅音时构成阻碍和克服阻碍的方式，声带是否颤动、气流的强弱等。普通话声母按照发音方法的不同，可以从以下三个方面来分析。

① 根据构成阻碍和克服阻碍的方式不同，可把普通话声母分为五类，即塞音、擦音、塞擦音、鼻音和边音。

塞音：b、p、d、t、g、k，发音时，构成阻碍的两个部位完全闭塞，阻住气流，然后突然打开，让气流爆破成声。

擦音：f、h、x、sh、s、r，发音时，构成阻碍的两个部位接近后形成窄缝，气流从窄缝中挤出，摩擦成声。

塞擦音：j、q、zh、ch、z、c，发音时，构成阻碍的两个部位先完全闭塞，阻住气流，然后略微打开，形成一条窄缝，气流从窄缝中挤出，摩擦成声。

鼻音：m、n，发音时，构成阻碍的两个部位完全闭塞，软腭下垂，关闭口腔通路，打开鼻腔通路，声带颤动，气流从鼻腔中透出成声。

边音：l，发音时，舌尖和上齿龈稍后的部位接触构成阻碍，阻住气流，软腭上升，关闭鼻腔通路，打开口腔通路，使气流沿着舌的两边出来成声。

② 根据发音时声带是否颤动，可以把普通话声母分为清音和浊音两大类。

清音：b、p、d、t、g、k、j、q、zh、ch、z、c、f、h、x、sh、s，发音时，声带不颤动的音。

浊音 m、n、l、r，发音时，声带颤动的音。

③ 根据发音时气流的强弱,普通话声母中的塞音和塞擦音,可以分为送气音和不送气音两类。

送气音:p、t、k、q、ch、c 发音时,口腔呼出的气流比较强的音。

不送气音:b、d、g、j、zh、z 发音时,口腔呼出的气流比较弱的音。

21 个声母和后鼻韵母韵尾-ng 的归类如表 1-1-1-5 所示。

表 1-1-1-5　21 个声母和后鼻韵母韵尾-ng 的归类

		双唇音	唇齿音	舌尖前音	舌尖中音	舌尖后音	舌面音	舌根音
塞音(清)	不送气	b			d			g
	送气	p			t			k
塞擦音(清)	不送气			z		zh	j	
	送气			c		ch	q	
擦音	清		f	s		sh	x	h
	浊					r		
鼻音(浊)		m			n			(-ng)
边音(浊)					l			

🧑 实训

把图中横线部分的内容补充完整。

（1）塞音：b、p、_____

（2）擦音：_____s、r_____

（3）塞擦音：_____zh、ch_____

（4）鼻音：_____

（5）边音：_____

技能点二:声母辨正

各方言区的人在说普通话时存在许多不同的难点,也存在一些共同的问题。按照规律进行声母辨正,可以达到事半功倍的效果。

1. 平翘舌音辨正

小华宿舍的同学来自天南海北,平时在宿舍聊天的时候,许多来自不同方言区的同学都会把"午睡"说成"五岁",大家在哈哈一笑之后,陷入了思考。如何进行平翘舌音的辨正的呢?

这两组音的学习和区分在学习普通话中占有重要地位,也是学好普通话的重点和难点之一。请以组为单位进行讨论。

学习记录

_____

_____

问题点拨

大声朗读。

肆—势 思—诗 苏—书 嗓—赏 综—钟 蹿—串 词—池 僧—声

自 zì 动—制 zhì 动　　物资 zī—物质 zhì　　糟 zāo 了—招 zhāo 了

近似 sì—近视 shì　　搜 sōu 集—收 shōu 集　　增 zēng 订—征 zhēng 订

z—zh

红砖堆、青砖堆,砖堆旁边蝴蝶追,蝴蝶绕着砖堆飞,飞来飞去蝴蝶钻砖堆。

c—ch

紫瓷盘,盛鱼翅。一盘热鱼翅,一盘生鱼翅。迟小池拿了一把瓷汤匙,要吃清蒸美鱼翅。一口鱼翅刚到嘴,鱼刺刺进齿缝里,疼得小池拍腿挠牙齿。

朗读示范

2. 唇齿音 f 和舌根音 h 辨正

小华宿舍的一位客家同学在课堂朗读时把"防止"读成"黄纸","飞机"说成"灰机",如何帮助她正确发音呢?

湘、赣、客家、闽、粤等方言都不能分清楚声母 f 和 h,北方方言、江淮方言及西南方言也存在 f 和 h 混读的现象。请以组为单位进行讨论。

学习记录

_____

_____

问题点拨

大声朗读。

发—花 番—欢 方—荒 非—灰 夫—呼 佛—活 分—昏 风—轰

风箱—烘箱 发展—花展 父爱—护爱 凡是—环视 幸福—姓胡 纷乱—昏乱

黄凤凰,灰凤凰,粉红墙上画凤凰。凤凰黄,凤凰灰,粉红墙上凤凰飞。

化肥会挥发

黑化肥发灰,灰化肥发黑

黑化肥发灰会挥发;灰化肥挥发会发黑

黑化肥挥发发灰会花飞;灰化肥挥发发黑会飞花

黑灰化肥会挥发发灰黑讳为花飞;灰黑化肥会挥发发黑灰为讳飞花

黑灰化肥灰会挥发发灰黑讳为黑灰花会飞;灰黑化肥会挥发发黑灰为讳飞花化为灰

黑化黑灰化肥灰会挥发发灰黑灰为黑灰花会回飞;灰化灰黑化肥会挥发发黑灰为讳飞花回化为灰

朗读示范

3. 鼻音 n、边音 l 及舌尖后音 r 辨正

九月的天,晴空万里。小华在课后和同学一起在操场运动,汗流浃背。她对同伴说"好热啊",没想到说成了好"乐",大家笑着帮她纠正语音。

鼻音 n、边音 l 及舌尖后音 r 常常误用。有的人说普通话时常以 l 代 n,例如,常把"男子"说成"篮子","脑子"说成"老子"。r 是翘舌音,说普通话时有人常以 n 或 l 代之,例如,把"很热"读成"很乐"。东北方言中,所有的 r 开头的声母一律读成 y 开头的声母;还有部分北方方言、西南方言、吴方言等地区也存在发不好 r 声母的情况。请以组为单位进行讨论。

学习记录

_____

_____

问题点拨

大声朗读。

老—脑—扰   六—妞   路—怒—入

无赖——无奈   水牛——水流   男裤——蓝裤

蓝教练是女教练,吕教练是男教练,蓝教练不是男教练,吕教练不是女教练。蓝南是

男篮主力,吕楠是女篮主力,吕教练在男篮训练蓝南,蓝教练在女篮训练吕楠。
牛郎年年恋刘娘,刘娘连连念牛郎;牛郎恋刘娘,刘娘念牛郎;郎恋娘来娘念郎。
老龙恼怒闹老农,老农怒恼闹老龙,农怒龙恼农更怒,龙恼农怒龙怕农。

技能点三:读准韵母

1. 韵母的定义

韵母是指一个音节中声母后面的部分。韵母的发音响亮、清晰。普通话中共有 39 个韵母。

2. 韵母的结构和分类

普通话韵母的主要成分是元音。韵母的结构可以分为韵头、韵腹、韵尾三个部分,见表 1-1-1-6。

表 1-1-1-6 韵母的结构

要素	韵头(介音\介母)	韵腹	韵尾(尾音)
定义	韵头是主要元音前面的元音	韵腹是韵母中的主要元音	韵腹后面的音素
音素	由 i、u、ü 充当	由 a、o、e、ê、i、u、ü、-i(前)、-i(后)、er 充当	由 i、o(u)或鼻辅音 n、ng 充当
是否有	不一定有	一定有	不一定有

根据不同的标准,韵母可以划分出两种不同的类型:按照韵母开头元音的发音口形的不同,可分为开口呼、齐齿呼、合口呼、撮口呼,见表 1-1-1-7;按照韵母中元音音素的多少,可分为单韵母、复韵母、鼻韵母,见表 1-1-1-8。普通话韵母归类见表 1-1-1-9。

表 1-1-1-7 韵母的分类——四呼

要素	开口呼	齐齿呼	合口呼	撮口呼
韵母开头元音的发音口形	韵母不是 i、u、ü,或不以 i、u、ü 开头的韵母	韵母是 i,或以 i 开头的韵母	韵母是 u,或以 u 开头的韵母	韵母是 ü,或以 ü 开头的韵母

表 1-1-1-8 韵母的分类——元音音素的多少

要素	单韵母(单元音韵母)	复韵母(复元音韵母)	鼻韵母(鼻音尾韵母)
定义	由一个元音构成的韵母	由两个或三个元音结合构成的韵母	元音后面带上鼻辅音构成的韵母
音素	10 个单韵母:a、o、e、ê、i、u、ü、-i(前)、-i(后)、er	13 个复韵母:ai、ei、ao、ou、ia、ie、ua、uo、üe、iao、iou、uai、uei	16 个鼻韵母:an、ian、uan、üan、en、in、uen、ün、ang、iang、uang、eng、ing、ueng、ong、iong

表 1-1-1-9　普通话韵母表

		开　口　呼	齐　齿　呼	合　口　呼	撮　口　呼
单韵母		-i(前)、-i(后)	i	u	ü
		a	ia	ua	
		o		uo	
		e			
		ê	ie		üe
复韵母		er			
		ai		uai	
		ei		uei	
		ao	iao		
		ou	iou		
鼻韵母		an	ian	uan	üan
		en	in	uen	ün
		ang	iang	uang	
		eng	ing	ueng	
		ong	iong		

实训

请分析自己名字的韵母结构：_____
我的名字是：_____，分别属于"四呼"中的：_____
单韵母字有：_____；复韵母字有：_____；鼻韵母字有：_____

3. 韵母的发音

(1) 单元音韵母发音分析。

发音时舌位、唇形及开口度始终不变的元音叫单元音。

舌面元音：发音时由舌面起主要作用的元音，a、o、e、ê、i、u、ü；

舌尖元音：发音时由舌尖起主要作用的元音，有-i(前)、-i(后)两个；

卷舌元音：发音时舌面、舌尖同时起作用的元音，有 er。

单元音的不同主要是由口腔形状的不同造成的。口腔形状决定于舌位的前后、高低和唇形的圆展，发音时要保持固定的口形。

舌位的前后：指发音时舌面隆起部分的所在位置，见表 1-1-1-10。

表1-1-1-10 舌位的前后

舌位	前	中	后
部位	舌前伸,隆起部分对着硬腭	舌头不前不后,舌位居中	舌后缩隆起部分对着软腭
发音描述	发元音时舌头前伸,舌位在前,发出的元音叫前元音	发元音时,舌头不前不后,舌位居中,发出的元音叫央元音	发元音时,舌头后缩,舌位在后,发出的元音叫后元音
音素	i、ü、ê	a	o、e、u

舌位的高低:舌位的高低指舌头和上颚的距离,见表1-1-1-11。

表1-1-1-11 舌位的高低

舌位	高		低	
部位	舌面抬高,与硬腭的距离达到最小		舌面降低,与硬腭的距离达到最大	
音素	高元音i、u、ü	半高元音o、e	半低元音ê	低元音a音

唇形的圆展:唇形的圆展指嘴唇形状的变化,见表1-1-1-12。

表1-1-1-12 唇形的圆展

舌位	圆唇元音	不圆唇元音
部位	嘴唇收圆	嘴唇展开
音素	o、u、ü	a、e、i、ê

舌面元音唇位归纳见图1-2,单韵母的发音归纳见表1-1-1-13。

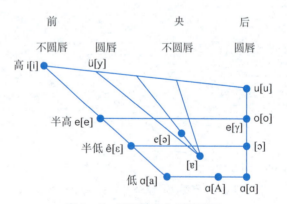

图1-2 舌面元音占位唇形图

表1-1-1-13 10个单韵母的发音

	舌面音	舌尖音	卷舌音	高元音	半高元音	半低元音	低元音	前元音	央元音	后元音	圆唇音	不圆唇音
a[A]	√						√		√			√
o[o]	√				√					√	√	

续表

	舌面音	舌尖音	卷舌音	高元音	半高元音	半低元音	低元音	前元音	央元音	后元音	圆唇音	不圆唇音
e[γ]	✓				✓					✓		✓
ê[ε]	✓					✓		✓				✓
i[i]	✓			✓				✓				✓
u[u]	✓			✓						✓	✓	
ü[y]	✓			✓				✓			✓	
er[ər]			✓						✓			✓
-i(前)		✓		✓				✓				✓
-i(后)		✓		✓						✓		✓

 实训

请大声朗读下面的字。
发达　大坝　泼墨　伯伯　客车　叵测　夜晚　告别　笔记
瀑布　入伍　絮语　徐徐　而且　儿童　字词　自私　知识

朗读示范

(2) 复韵母的发音分析。

复韵母是由两个或三个元音组成的韵母。复韵母的发音有两个特点:

一是元音之间没有明显的界限,整个过程是从一个元音滑向另一个元音,气流不中断,形成一个发音整体。

二是各元音的发音响度不同。主要元音的发音口腔开口度最大,声音最响亮,持续时间最长,其他元音发音轻短或含混模糊。响度大的元音在前的,叫作前响复韵母;响度大的元音在后的,叫作后响复韵母;响度大的元音在中间的,叫作中响复韵母。

表 1-1-1-14　复韵母的发音

复韵母分类	前响复韵母	中响复韵母	后响复韵母
韵母	ai、ao、ei、ou	iao、iou、uai、uei	ia、ie、ua、uo、üe
发音描述	前响后轻。发音时,元音舌位都是由低向高滑动,开头的元音音素发音清晰响亮、时间较长,后面的元音音素轻短模糊,音值不太固定,只表示舌位滑动的方向	舌位由高向低滑动,再从低向高滑动。开头的元音发音不响亮、较短促,只表示舌位滑动的开始,在零声母音节里常伴有轻微的摩擦。中间的元音清晰响亮,收尾的元音轻短模糊,音值不太固定,只表示舌位滑动的方向	前轻后响。发音时,舌位由高向低滑动,收尾的元音响亮清晰。而开头的元音音素发音轻短,只表示舌位滑动的方向

> **实训**

1. 请大声朗读下面的词语。
   海带　采摘　妹妹　蓓蕾　操劳　早操　丑陋　收购　疗效
   巧妙　悠久　怀揣　摔坏　归队　推诿　回家　绸缎　代表

2. 请把图中横线部分的内容补充完整。

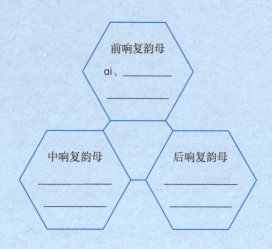

（3）鼻韵母的发音分析。

鼻韵母指带有鼻辅音的韵母，又叫作鼻音尾韵母。鼻韵母的发音有两个特点：

一是发音时，逐渐由元音的发音状态向鼻辅音过渡，逐渐增加鼻音色彩，最后形成鼻辅音。

二是除阻阶段做韵尾的鼻辅音不发音。鼻韵母的发音不是以鼻辅音为主，而是以元音为主，元音清晰响亮，鼻辅音重在做出发音状态，发音不太明显。

表 1-1-1-15　鼻韵母的发音

	前鼻音韵母	后鼻音韵母
韵母	an、en、in、un、ian、uan、üan、uen	ang、eng、ing、ong、iang、uang、ueng、iong
发音描述	发音时，韵尾-n 的发音部位比声母 n-的位置略微靠后，一般是舌面前部向硬腭接触。前鼻音尾韵母的发音中，韵头的发音比较轻短，韵腹的发音清晰响亮，韵尾的发音只做出发音状态	发音时，软腭下降，关闭口腔，打开鼻腔通道，舌面后部后缩，并抵住软腭，气流颤动声带，从鼻腔通过。韵头的发音比较轻短，韵腹的发音清晰响亮，韵尾的发音只做出发音状态

> **实训**

1. 大声朗读下面的词语。
   谈判　烂漫　门诊　振奋　拼音　天津　军训　群众　婉转
   响亮　狂妄　水瓮　汹涌　叮咛　姓名　双簧　两样　更正

2. 将图中横线部分的内容补充完整。

（1）前鼻韵母
an、_____、
uen、_____

（2）后鼻韵母
ang、_____、
ueng、_____

技能点四：韵母辨正

1. 前后鼻音辨正

 典型案例

班级组织游戏活动增加同学之间的熟悉度。一位同学大声说："赶紧撞一撞……"看见大家疑惑的表情，他才意识到，明明表达的是"转一转"，却说成了"撞一撞"。如何进行前后鼻音的辨正呢？

前鼻音尾韵母和后鼻音尾韵母在方言中的问题主要体现在 in 和 ing、en 和 eng、an 和 ang、uan 和 uang、ian 和 iang、eng 和 ong 的混淆上。全国很多方言区会出现前后鼻音不分，例如：把"弹琴"发成"谈情"，"人民"发成"人名"等。请以组为单位进行讨论。

学习记录

_____
_____

问题点拨

 实训

大声朗读下面的词语和句子。

信 xìn 服—幸 xìng 福　　今 jīn 天—惊 jīng 天
坚 jiān 硬—僵 jiāng 硬　　简 jiǎn 历—奖 jiǎng 励
专 zhuān 车—装 zhuāng 车　　大碗 wǎn—大网 wǎng

担当　　班长　　真诚　　本能　　青筋
清贫　　现象　　香甜　　万状　　端庄

扁担长，板凳宽，扁担没有板凳宽，板凳没有扁担长。扁担绑在板凳上，板凳不让扁担绑在板凳上，扁担偏要绑在板凳上。

朗读示范

2. 韵母 i 和 ü 辨正

典型案例

午餐时间到了,食堂里菜品丰富多彩。小华兴高采烈地挑选着,她看到一条鱼,就对打菜阿姨说:"我要姨。"阿姨笑弯了腰。如何进行韵头 i 和 ü 的辨正呢?

普通话中 i 和 ü 是两个不同的高元音。但有些方言,如闽、湘、粤、赣和客家方言以及北方方言区中云南、贵州、山西的部分地区的方言,没有 ü 和 ü-,大都把普通话读 ü 和 ü-的字读成 i 和 i-,如"运输"念成"印书","参军"说成"餐巾"。请以组为单位进行讨论。

学习记录

问题点拨

_____
_____

实训

大声朗读下面的词语和句子。
  经济 jì—京剧 jù   遇 yù 见—意 yì 见
  盐 yán 分—缘 yuán 分 方言 yán—方圆 yuán
  确切 血液 演员 悬念 阴云 寻衅

朗读示范

技能点五:读准声调

1. 声调的定义

声调是一个音节发音时的高低升降,是一个音节内部的音高变化现象。"猫咪"和"茂密"、"通知"和"统治"等,这些词语声母和韵母相同,但声调不同,字形和意思也完全不同了。

2. 调类与调值

调类是指声调的种类。普通话有阴平、阳平、上声、去声四个调类,也称作第一声、第二声、第三声、第四声,简称"四声"。调号要标在主要元音(韵腹)上。

调值是指声调的实际读法,即音节声音高低升降、曲直长短的变化形式。普通话四个声调的调值用"五度标记法"标记(见图1-3)。"五度标记法"将声调的音高分为五度,分别是低、半低、中、半高、高,在竖线上标明;两条竖线之间的横线、斜线、折线分别表示四个声调的音高变化。声调表见表1-1-1-16。

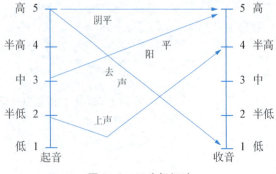
图1-3 五度标记法

表 1-1-1-16　声调

调类	调值	调形	声调符号	发音描述	例字
阴平	55	高平	-	发音时声带绷到最紧,始终无明显变化,保持声音高而平稳	风
阳平	35	高升	∕	发音时声带从不松不紧开始,逐渐绷紧,到最紧为止,声音从不低不高升到最高	调
上声	214	曲折(降升)	∨	发音时声带从略微有些紧张开始,立刻松弛下来,稍稍延长,然后向上,没绷到最紧。上声的音长在四个声调中是最长的	雨
去声	51	全降	﹨	发音时声带从紧开始,到完全松弛为止,声音由高到低,迅速往下落。去声的音长在四个声调中是最短的	顺

 实训

请大声朗读下面的句子。

　　山前有个颜远眼,山后有个袁眼圆,两个人爬上山头来比眼,也不知是颜远眼的眼比袁眼圆的眼看得远,还是袁眼圆的眼比颜远眼的眼生得圆。

朗读示范

技能点六:声调辨正

如果调值不准确、不到位,就会带有方言语调,听起来不自然。

📁 典型案例

　　下课后,一位同学友好地向小华打招呼,但是他将"你好"说成了"尼豪"。刚刚听老师讲声调的调值,小华想和这位同学谈谈声调。如何进行声调辨正呢?
　　在学习、生活中,你遇到过哪些声调不准的现象呢?如何改正呢?

学习记录

_____

_____

问题点拨

 实训

1. 请大声朗读下面的字。
　　妈—麻—马—骂　　　掰—白—百—拜
　　同意—统一　大家—打假　自由—自有　松鼠—松树

2. 朗读下面的绕口令,比一比,看一看谁的发音最准确:

小石与小史,两人来争执。小石说"正直"应该读"政治",小史说"整治"应该念"整枝"。两人争得面红耳赤,谁也没读准"正直""整治""政治"和"整枝"。

石室诗士施氏,嗜狮,誓食十狮。施氏时时适市视狮。十时,适十狮适市。是时,适施氏适市。氏视是十狮,恃矢势,使是十狮逝世。氏拾是十狮尸,适石室。石室湿,氏使侍拭石室。石室拭,氏始试食是十狮尸。食时,始识是十狮尸,实十石狮尸。试释是事。(赵元任《施氏食狮史》)

朗读示范

任务考核

朗读单音节字词。

鳃	自	海	贰	垮	旺	鲵	叶	黑	涌
润	秋	女	掐	宋	那	燃	标	劝	鹅
醋	捐	旅	痣	相	得	烘	饶	暗	流
骂	荒	末	砣	约	褪	嘭	绉	紫	鱼
惯	旅	镖	开	那	掌	月	屋	免	雇
蹴	还	区	索	暗	某	池	播	习	幢
嘿	肯	乱	新	俊	法	润	否	召	胖
骑	拎	挪	蠢	嗜	抄	纲	瞎	饼	挫
屡	尚	芽	鸣	拽	拒	抹	儿	透	藏
爹	凉	踹	趣	德	骇	瞪	苗	琼	髓

任务评价

表 1-1-1-17 任务完成评价表

班级:_____	姓名:_____	学号:_____	完成时间:_____			
任务名称:读准单音节字词					
评价内容与评价指标	错误字音	评价等级	评价主体		
			自评	互评	师评	备注
单音节字词100个,错误音1个字扣1分,缺陷音1个字扣0.5分,80分合格		优				
		良				
		中				
		差				
总结						

表 1-1-1-18　任务学习过程总结表

班级：＿＿＿＿　姓名：＿＿＿＿　学号：＿＿＿＿　完成时间：＿＿＿＿		
任务名称：读准单音节字词		
类别	索引	学生总结、要点记录
知识点	一	
	二	
	三	
	四	
	五	
技能点	一	
	二	
	三	
	四	
	五	
	六	
存在的问题记录		
反思总结		

任务 1-1-2　读准多音节词语

任务描述

《普通话水平测试大纲》规定,多音节词语测试的目的是"测查应试人声母、韵母、声调和变调、轻声、儿化读音的标准程度"。要求应试人在2.5分钟之内完成。语音错误,每个音节扣0.2分;语音缺陷,每个音节扣0.1分。

因此,应试人必须把词语中的每个音节的声、韵、调和各种音变都读到位。同时,应试时还应注意以下几点：

(1) 横向朗读。

(2) 词语中不会读的音节不要放弃或跳过(漏读的音节也作错误处理)。

(3) 发现读错,可以及时纠正,但隔词改读无效。

(4) 注意读准变调、轻声、儿化等音变的音节。

知识技能点

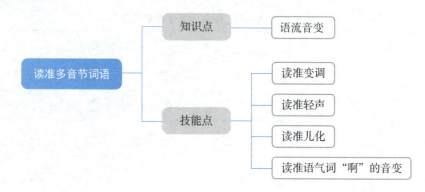

理论精粹

知识点:语流音变

人们说话时,形成连续发音的语流,由于相邻音节的相互影响,有些音节的读音发生了一定的变化,这就是语流音变。

普通话的语流音变现象主要包括变调、轻声、儿化、语气词"啊"的变读等。熟练运用普通话语流音变规律,可以使语音自然和谐。

实践精粹

技能点一:读准变调

变调是两个或多个音节连读时,受到相邻音节的影响,发生音高的变化。

1. 上声的变调

上声变调的一般规则是"前变后不变"。普通话上声是降升调,调值为214。上声处在阴平、阳平、上声、去声前面都会产生变调。上声只有在单念或处在词语、句子的末尾时才有可能读完整的原调。上声的变调规则见表1-1-2-1。

表1-1-2-1　上声的变调规则

后字情况		发音描述	例字
上声与非上声相连	上声+阴平	半上,调值由214变为21	首都　北方
	上声+阳平		祖国　导游
	上声+去声		考试　讨论
	上声+轻声		嘴巴　行李
上声与上声相连	上上相连	两个上声相连时,前一个上声变成阳平,调值由214变为35	美好　母语
三个上声连在一起	双单格	在第二个上声字后停顿,前两个上声一律变成阳平,调值由214变为35	展览/馆 演讲/稿

续表

后字情况	发音描述	例字
单双格	在第一个上声字后停顿,第一个字变成半上,调值变为21,第二个字变成阳平,调值变为35。	冷/处理 小/两口
三个以上的上声相连	按语意和气息自然划分节拍,再按照以上变调规则发音	请你/给我/五把/小/雨伞

大声朗读下面的词语。

　　组织　老实　水果　或许　憧憬　闪光　理想　美好
　　手写体　洗脸水　老保守　厂党委　纸老虎

朗读示范

2. "一""不"的变调

"一""不"在这些情况下念本调:单独念;出现或在词句末尾;"一"表日期或序数时;"不"在非去声前。"一""不"在其他情况下要进行变调。"一""不"的变调规则见表1-1-2-2。

表1-1-2-2　"一""不"的变调规则

	所处位置	发音描述	例字
"一""不"	"一""不"+阴平	变为去声	一颗　一生 不依不饶　不尴不尬
	"一""不"+阳平		一人　一旁 麻木不仁
	"一""不"+上声		一起　一本 不管　不起
	"一""不"+去声	变为阳平	一定　一站 不共戴天
	"一""不"夹在重叠式动词中间	变为轻声	问一问　学一学 好不好　行不行

大声朗读下面的词语。

　　不行　不要　不必　不见　不知所云　一朝一夕　一心一意　一丝一毫　一往无前

朗读示范

技能点二:读准轻声

1. 轻声的定义

在一连串音节组成的词或句子里,某些音节失去了它原有的声调,读得又轻又短,这就是轻声,它是音节在语流中产生的一种变调现象。比如,"棉花"中的"花"失去了原有的调值,变得又轻又短。

2. 轻声的语音特性

轻声的语音特性是由音长和音高这两个主要因素构成的。从音长上看,轻声音节的音长一般会大大缩短,一个含有轻声音节的双音节词语发音时,可以把原本两个节拍的音长调整为前一个非轻声音节读成近乎一拍半,轻声音节读成近乎半拍。从音高上看,轻声音节失去了原有的声调调值,变为新的调值形式。轻声的变调规则见表 1-1-2-3。

表 1-1-2-3 轻声的变调规则

	所处位置	发音描述	例字			
轻声	阴平+轻声	变为短促的低降调,调值为 31	舒服	清楚	叔叔	疙瘩
	阳平+轻声		粮食	萝卜	朋友	行李
	去声+轻声		漂亮	热闹	任务	骆驼
	上声+轻声	变为短促的微升调,调值为 34	眼睛	耳朵	老实	马虎

提示:变调总是根据前一个音节声调的调值决定后一个轻声音节的调值,而与后一个音节原调调值没有关系。

3. 轻声的规律

典型案例

小华常年住在南方,没接触过轻声。在读词的时候常常找不到轻声词语,如何才能拥有一双慧眼能找到轻声呢?

轻声的学习和区分在学习普通话中占有重要地位,也是学好普通话的重点和难点之一。请以组为单位进行讨论。

学习记录

_____

_____

普通话中的必读轻声音节大都带有一定的规律性,如带有附着性(附着在别的词或语素后边),缺乏独立性。带有规律性读轻声的词语主要有以下八种,见表 1-1-2-4。

表 1-1-2-4 轻声的规律与例词

(一) 结构助词"的""地""得"和动态助词"着""了""过"
我的　飞快地　走得动　微笑着　好了　去过
(二) 语气词"吧""吗""呢""啊"等
来吧　还去吗　还早呢　是啊

续表

(三)名词和代词的后缀"子""头""们""巴""么"等
桌子　拳头　同学们　尾巴　什么
(四)名词叠音词和动词的重叠形式后面的字
妈妈　星星　走走　看看　打听打听　商量商量
(五)用在名词、代词后面表示方位的语素或词"上""下""里""边""面"
山上　阳光下　屋里　北边　后面
(六)用在动词、形容词后面表示趋向的词"来""去""开""起来""下去"等
躲开　打开　走出去　好起来
(七)嵌在词语中的"一""不"
跳一跳　想一想　去不去　行不行
(八)习惯上必读轻声的词语
棉花、糊涂、明白、事情

文档

普通话水平测试用必读轻声词语表

实训

1. 大声朗读下面的词语。
   模糊　脑袋　难为　能耐　暖和　盘算　佩服
   相声　消息　笑话　兄弟　休息　秀才　学问

2. 读绕口令,看谁读得又快又好。
   打南边来了个喇嘛,手里提着个蛤蟆;打北边来了个哑巴,腰里别着个喇叭。手提着蛤蟆的喇嘛,要拿蛤蟆换哑巴腰里别着的喇叭;腰里别着喇叭的哑巴,不肯拿喇叭换喇嘛手里提着的蛤蟆。手里提着蛤蟆的喇嘛打了腰里别着喇叭的哑巴一蛤蟆,腰里别着喇叭的哑巴打了手里提着蛤蟆的喇嘛一喇叭。

音频

朗读示范

技能点三:读准儿化

1. 儿化的定义

词尾"儿"因与前面的音节流利地连读而产生音变,失去了独立性,"化"到前一个音节里,只保留一个卷舌动作,使两个音节融合成为一个音节,前面音节里的韵母发生了或多或少的变化,这种现象就是"儿化"。

2. 儿化发音的基本规则

儿化的规律示例词见表1-1-2-5。

表1-1-2-5　儿化的规律与例词

发音归类	发音条件	例词		
便于卷舌	韵母的末尾音素是舌位较低或较后的元音(a、e、o、u),舌尖有足够的空间卷起。儿化时原韵母不变,直接卷舌	号码儿　打嗝儿　大伙儿 口哨儿　碎步儿　抓阄儿		

续表

发音归类	发音条件	例词
不便于卷舌	韵母的末尾音素是前、高元音(i、ü)、舌尖元音(-i)，或鼻韵尾(n、ng)，末尾音素的舌位与卷舌动作发生冲突	1. 主要元音是i、ü，在后面加er	玩意儿、小曲儿
		2. 丢掉韵尾i、n、ng，主要元音(i、ü除外)卷舌。后鼻韵母丢掉韵尾ng后，主要元音要同时鼻化	小孩儿、胡同儿
		3. 丢掉韵尾n、ng，主要元音 i、ü 后面加er。后鼻韵母丢掉韵尾ng后，主要元音要同时鼻化	花裙儿、电影儿
		4. 丢掉舌尖元音-i(前)、-i(后)，加er	瓜子儿、年三十儿

普通话水平测试用儿化词语表

典型案例

小华羡慕同学能说流利的儿化词语,这样能更接近北方的语音面貌,哪些词语是属于儿化词语呢？

你听过或者说过哪些儿化词语？请以组为单位进行讨论。

学习记录

___

___

实训

1. 大声朗读下面的词语。

面条儿　果汁儿　大褂儿　老伴儿　脸蛋儿　麻绳儿　板凳儿

2. 读绕口令,看谁读得又快又好。

小哥俩儿,红脸蛋儿,手拉手儿,一块儿玩儿。小哥俩儿,一个班儿,一路上学唱着歌儿。学造句,一串串儿。唱新歌儿,一段段儿,学画画儿,不贪玩儿。画小猫儿,钻圆圈儿,画小狗儿,蹲庙台儿。画只小鸡儿吃小米儿,画条小鱼儿吐水泡儿。小哥俩,对脾气儿,上学念书不费劲儿,真是父母的好宝贝儿。

朗读示范

技能点四：读准语气词"啊"的音变

1. "啊"的音变定义

语气词"啊"会受到前面一个音节的末尾音素的影响而发生连读音变,叫作语气词"啊"的音变。

2. "啊"的音变规则

"啊"的音变发音取决于"啊"之前音节的末尾音素。"啊"的音变规则与例词见表 1-1-2-6。

表 1-1-2-6 "啊"的音变规则与例词

a、o、e、i、ü——ya	画啊　去啊
u(ao)——wa	好苦啊　手真巧啊
n——na	看啊　小心啊
ng——nga	行不行啊　唱啊
-i(前)——/za/	真自私啊　写字啊
-i(后)——/ra/	是啊　谁值日啊

实训

1. 大声朗读,注意"啊"的音变。
   星星啊　桥啊　鲜润啊　妄想啊　怪物啊　好瘦啊
2. 请以"啊"音变的六种发音造句,以组为单位进行讨论。

学习记录

_____

_____

易错单音节字词

易错多音节词语

易错词语

任务考核

朗读多音节词。

爽直	乐意	撒娇	而且	挫折	吹牛
大伙儿	代替	瓦解	窗户	窘迫	随后
柴火	金鱼儿	运输	夸张	淮海	元气
风筝	森林	饼干	取暖	学问	反抗
贫困	钢笔	港口	邮票	饱满	一圈儿
两手	岔道儿	曾经	管教	脑髓	月亮
云彩	化学	蛤蟆	泥塑	罢工	后边
沉默	酿造	怠慢	呼声	热心	恶作剧

任务评价

表1-1-2-7 任务完成评价表

班级:＿＿＿ 姓名:＿＿＿ 学号:＿＿＿ 完成时间:＿＿＿					
任务名称:读准多音节词语					
评价内容与评价指标	错误字音	评价等级	评价主体		备注
			自评	互评	师评	
朗读多音节词,错误音1个字扣1分,缺陷音1个字扣0.5分,80分合格		优				
		良				
		中				
		差				
总结					

反思总结

表1-1-2-8 任务学习过程总结表

班级:＿＿＿ 姓名:＿＿＿ 学号:＿＿＿ 完成时间:＿＿＿		
任务名称:读准多音节词语		
类别	索引	学生总结、要点记录
知识点	一	
技能点	一	
	二	
	三	
	四	
存在的问题记录		
反思总结		

项目二　朗读短文和命题说话训练

任务1-2-1　朗读短文

任务描述

《普通话水平测试大纲》规定,朗读测试的目的是"测查应试人使用普通话朗读书面作品的水平。在测查声母、韵母、声调读音标准程度的同时,重点测查连读音变、停连①、语调②以及流畅程度③"。

(1) 每错1个音节,扣0.1分;漏读或增读1个音节,扣0.1分。
(2) 声母或韵母的系统性语音缺陷,视程度扣0.5分、1分。
(3) 语调偏误,视程度扣0.5分、1分、2分。
(4) 停连不当,视程度扣0.5分、1分、2分。

知识技能点

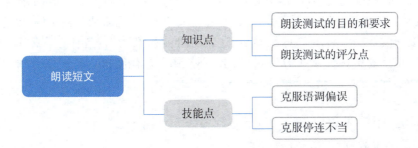

理论精粹

知识点一:朗读测试的目的和要求

朗读是把白纸黑字的书面语言转化为发音规范、生动形象的有声语言的再创作活动。这是一种富含想象力、富含情味和语感的声音传达,融入朗读者自己的独特感受和理解。朗读绝

---

① 停连不当,指读破词、破句,换气不当或造成歧义等。
② 语调偏误,含字调、句调、变调、轻声、儿化、轻重音格式、逻辑重音等的偏误。
③ 朗读不流畅,含回读、字化、词化、句化等。

不是一个简单的见字读音的过程,而是一个从视觉到听觉的再创造过程。

朗读是教师的语言基本功之一,是学习普通话语音的重要环节,也是学习朗诵、演讲等语言表达的基础。经常朗读语言优美的文章,可以纠正方音、培养语感、积累语言素材、锻炼思维、发挥想象力、培养创造力、提升人们的文化素养。对于教师而言,更是提升学生语言能力必不可少的教学方法。

朗读的测试重点并不是应试人的朗读技巧,而是应试人运用普通话朗读书面材料的能力和水平。此项测试从语音、语调、停顿等方面进行考查。

朗读测试的基本要求是发音准确,语调无误,表达流畅。

知识点二:朗读测试的评分点

1. 发音准确、规范

发音准确、规范包括读准作品中每个音节的声母、韵母、声调,正确读出作品中的轻声词、儿化词,正确掌握普通话的变调(如上声变调、"一""不"变调)和语气助词"啊"的变读。其中任何一项误读,都可能造成发音错误而被扣分,错读一个音节扣0.1分。同时,还要避免因受方言影响造成的声母或韵母方面的系统性缺陷,每个系统性缺陷扣0.5分或1分。

2. 语调正确自然,符合普通话语调的习惯

语调是话语中抑扬顿挫等语音形式特征的总和,是语言韵律特征的体现。它隐含在话语中,而且是多种要素叠加在一起,综合起作用。不同的语言或方言,语调特征不同。方言区的人学习普通话必须在正音的基础上学好普通话语调,朗读时尽量避免产生语调偏误现象。语调偏误,视程度扣0.5分、1分、2分。

3. 朗读时语言流畅、连贯

从篇章结构入手理清文意,充分把握作品的内容及作者所要表达的思想感情,做到朗读时心中有数。气息平稳,语意连贯,不随意落字、添字或改字。若遇上读错或误读的情况时,应将错就错,千万不要回读或纠错读,以免导致更多的失分。特别要注意不读破词、破句,以免造成表义上的混乱。如果考生准备不充分,应试时心情又紧张,读起来或该停不停、该连不连,或磕磕巴巴、屡屡回读,或就字读字、意义不清,这就有可能被判为"停连不当"或"朗读不流畅"。"停连不当",视程度扣0.5分、1分、2分,"朗读不流畅",视程度扣0.5分、1分、2分。

> **温馨提示**
> 1. 朗读的短文全部从《普通话水平测试实施纲要》中选用。
> 2. 每篇作品读到"//"的位置即可停止。
> 3. 忠实于原作品,不添字、不漏字、不改字。
> 4. 限时4分钟,朗读时语速适中。
> 5. 养成快看慢读的习惯。

实践精粹

技能点一:克服语调偏误

语调与"语音四要素"中的音高、音强、音长联系很紧密。句子的高低、轻重不当,词语的轻

重不当,是形成语调偏误的主要因素。

1. 语调的定义及作用

语调是有声语言所特有的,它是句子的语音标志,任何句子都带有一定的语调。语调是口语中表达各种语气的声音色彩。借助语调,有声语言才有极强的表现力。

同样一个"我"字,采用不同的语调可以回答各种不同的问题:

① 谁是班长？——我。（语调平稳,句尾稍抑）
② 你的电话！——我？（语调渐升,句尾稍扬）
③ 谁负得了这个责任？——我！（语调降得既快又低）
④ 你来当班长！——我?!（语调曲折）

同样一句话"他怎么来了?"采用不同的语调可以表现出不同的语气。

他怎么来了？——柔而扬,表示询问。
他怎么来了？——柔而抑,表示疑问。
他怎么来了？——刚而抑,表示责问。
他怎么来了？——刚而扬,表示反问。

可见,语调是细致而复杂的,它可以表达各种丰富的感情。

2. 语调的分类

语调是千变万化的,它的基本类型为以下四种,见表1-2-1-1。

表 1-2-1-1　语调的分类

类型	描　　述	例　　句
平调	语调平稳,没有什么重读或强调的显著变化。常用于一般的叙述、说明。	"吹面不寒杨柳风",不错的,像母亲的手抚摸着你。
升调	语调由低逐渐升高。常用于表示疑问、反诘、惊异、命令、呼唤、号召的句子。	为什么这个地带会成为华夏文明最先进的地区?
降调	语调由高逐渐降低,末了的字低而短。这种语调常用来表示肯定、祈使、允许和感叹的语气。	可是,在自然看来,人类上下翻飞的这片巨大空间,不过是咫尺之间而已,就如同鲲鹏看待斥鷃一般,只是蓬蒿之间罢了。
曲调	语调曲折变化,对某些音节,特别地加重、加高或延长,形成一种升降曲折的调子。这种语调常用来表示夸张、强调、反语等较为特殊的语气。	像这样的老师,我们怎么会不喜欢她,怎么会不愿意和她亲近呢?

实训

朗读下面的句子,注意句子的语调。

过了寒翠桥,就听到淙淙的泉声。进山一看,草丛石缝,到处都涌流着清亮的泉水。草丰林茂,一路上泉水时隐时现,泉声不绝于耳。有时几股泉水交错流泻,遮断路面,我们得寻找着垫脚的石块跳跃着前进。愈往上走树愈密,绿荫愈浓。湿漉漉的绿叶,犹如大海的波浪,一层一层涌向山顶。泉水隐到了浓荫的深处,而泉声却更加清纯悦耳。忽然,云中传来钟声,顿时山鸣谷应,悠悠扬扬。安详厚重的钟声和欢快活泼的泉声,在雨后宁静的暮色中,汇成一片美妙的音响。

(节选自谢大光《鼎湖山听泉》)

3. 词的轻重格式

语调偏误还表现在词的轻重格式上。词语的轻重格式不好,就会形成不同程度的方言语调,造成语调偏误,直接影响朗读的质量。要解决这个问题,就要注意词的轻重格式练习。由于轻重格式是约定俗成的规律,其学习途径是多听、多积累,培养自己的听辨能力。一方面加强语感的训练,多听标准的普通话朗读,听时注意分辨轻重格式;另一方面,可以通过记词语,记住普通话的双音节词语中"重·轻"格式词语(即"轻声词语")和"重·中"格式的词语,这两种格式的词语在常用词里并不多,剩下的就都是"中·重"格式的词语了。

(1) 词的轻重格式定义。

词的轻重格式是指多音节词的几个音节有约定俗成的轻重差别,短且弱的音节称为轻,长且强的音节称为重,介于中间的称为中。多音节词语的轻重音是相对而言的,根据普通话词语的语音结构,可以把普通话轻重分为四个等级:重音、中音、次轻音、轻音。

(2) 词的轻重格式分类。

详见表1-2-1-2。

表1-2-1-2　词的轻重格式分类

词语	类型	描述	例词
双音节词语	中·重	前一个音节读中音,后一个音节读重音	说明　绿洲 工艺　磁场
	重·中	前一个音节读重音,后一个音节读中音,后面音节的原调调值仍依稀可辨,但不稳定	快乐　记者 春天　标准
	重·轻	前一个音节读重音,后一个音节读轻音,即轻声词的轻重格式	暖和　扁担 唠叨　力气
三音节词语	中·中·重	前两个音节读中音,第三个音节读重音	东方红　天安门 国际歌　展览馆
	中·重·轻	第一个音节读中音,中间一个音节读重音,末尾音节读最轻	硬骨头　山核桃 胡萝卜　牛脾气
	中·轻·重	第一个音节读中音,第二个音节读轻音(或次轻音),第三个音节读重音	西红柿　红领巾 无线电　保不齐
	重·轻·轻	第一个音节读重音,后面两个音节读得较轻	朋友们　出来了 屋子里　走出去
四音节词语	中·重·中·重	大部分具有联合关系的四字格式成语及少量其他结构关系的四字格式成语要读作"中·重·中·重"格式	枪林弹雨　丰衣足食 龙飞凤舞　五光十色

续表

词语	类型	描　　述	例词
	中·轻·中·重	大部分四音节的专用名词、叠音形容词和象声词要读作"中·轻·中·重"格式。其中四音节专用名词的第二音节只比第一音节稍轻,不可失去原声调	南京大学　跌跌撞撞 大大方方　二氧化碳
	重·中·中·重	这类格式的停顿往往在第一个音节后,第一个音节成了需要强调的点,会重读,最后一个音节往往是陈述性的成分,也需要重读	不约而同　惨不忍睹 义不容辞　安之若素

(3) 词的轻重格式注意事项。

① 一般不改变这种固有的格式。

② 轻与重是相对而言的,读起来要自然而不生硬。

③ 受语句目的的制约,词语原来的轻重格式有可能被打破。

实训

朗读下面的句子,注意词语的轻重格式。

　　火车是故乡,火车也是远方。速度的提升,铁路的延伸,让人们通过火车实现了向远方自由流动的梦想。今天的中国老百姓,坐着火车,可以去往九百六十多万平方公里土地上的天南地北,来到祖国东部的平原,到达祖国南方的海边,走进祖国西部的沙漠,踏上祖国北方的草原,去观三山五岳,去看大江大河……

(节选自舒翼《记忆像铁轨一样长》)

朗读示范

技能点二:克服停连不当

由于对朗读材料不太熟悉或对材料内容的理解有偏误,朗读者易犯停连不当的错误,引起误读现象。譬如:朗读中停连不当致使词、句产生歧义;或读破句、碎句;或因换气,造成句子停连不当;或无论什么标点符号,朗读停顿的时间都一样等情况。

1. 停连的定义及作用

停连指声音的停顿和连接。朗读时有停有连才能更好地表情达意。停连和有声语言同时存在,它不仅是朗读者生理上的需要或单纯的语法上的需要,更是感情上的需要。

同样一句话,有无停顿,意思会不一样。例如:

我赞成他,也赞成你,怎么样?(赞成他和你)

我赞成,他也赞成。你怎么样?(我和他都赞成)

同样一句话,停顿时间的长短,意思也会不一样。例如:

看见小张、小李的脸"刷"地白了。

看见小张,小李的脸"刷"地白了。

2. 停连的分类

表 1-2-1-3 停连的分类

类型	描述	例句
落停	落停往往在表达一个完整的意思之后,在一句话、一个层次、一篇文章结束时使用。句末语调下落,语气沉稳。一般在叙述的语气中。	现在回想起来,她那时有十八九岁。右嘴角边有榆钱大小一块黑痣。在我的记忆里,她是一个温柔和美丽的人。
扬停	扬停一般用在句子中没有标点的地方或一个意思还没有说完而中途又需要停的地方,表达雄壮、自豪、坚定及急促等情绪。表现为气息饱满、气息支撑有力、音量较大,时间间歇较短。	大部分土楼有两三百年甚至五六百年的历史,经受无数次地震撼动、风雨侵蚀以及炮火攻击而安然无恙,显示了传统建筑文化的魅力。
紧连	紧连的位置在有标点而前后内容又联系较紧密的地方,表达一种紧迫感和急迫感。在有标点符号但内容紧密联系的地方,停顿后迅速连接,不用换气,听上去似乎没有接点,紧连快带。	他把树皮、麻头、稻草、破布等原料剪碎或切断,浸在水里捣烂成浆;再把浆捞出来晒干,就成了一种既轻便又好用的纸。
徐连	徐连位置在短促的句子间,需要连接又需要区分的地方。似停非停,以连接为主,一般用于并列性的停连。朗读时,上一个词的尾音与后一个词的尾音有间隙,但又不能换气,听觉上是有间隙,但又气息相连。	大约潭是很深的,故能蕴蓄着这样奇异的绿;仿佛蔚蓝的天融了一块在里面似的,这才这般的鲜润啊。

🧑 实训

在理解句子的基础上画出连接和停顿的符号,正确处理停连,然后朗读。

乡下人家总爱在屋前搭一瓜架,或种南瓜,或种丝瓜,让那些瓜藤攀上棚架,爬上屋檐。当花儿落了的时候,藤上便结出了青的、红的瓜,它们一个个挂在房前,衬着那长长的藤、绿绿的叶。青、红的瓜,碧绿的藤和叶,构成了一道别有风趣的装饰,比那高楼门前蹲着一对石狮子或是竖着两根大旗杆,可爱多了。

(节选自陈醉云《乡下人家》)

朗读示范

📋 典型案例

早读课时,有一位同学在大声朗读"哥白尼认为/日月星辰绕地球转动/这种学说是错误的",同桌疑惑地问:"你的意思就是,哥白尼的学说是错误的,他认为日月星辰是绕地球转动的,这样一来,哥白尼不就成了'地心说'的倡导者了吗?"这位同学马上改为,"哥白尼认为/日月星辰绕地球转动这种学说/是错误的"。

这位同学的朗读,哪一次是正确的呢?请以组为单位进行讨论。

学习记录

任务考核

抽签,声音洪亮、流畅地朗读作品 50 篇。

任务评价

普通话水平考试朗读作品 50 篇

表 1-2-1-4　任务完成评价表

班级：_____ 姓名：_____ 学号：_____ 完成时间：_____					
任务名称：朗读短文					
评价内容与评价指标	错误处	评价等级	评价主体			备注
^	^	^	自评	互评	师评	^
朗读短文,错误音 1 个字扣 1 分（包括回读、漏读、增读）；语调偏误、停顿断句不当酌情扣分；80 分合格		优				
^	^	良				
^	^	中				
^	^	差				
总结						

反思总结

表 1-2-1-5　任务学习过程总结表

班级：_____ 姓名：_____ 学号：_____ 完成时间：_____		
任务名称：朗读短文		
类别	索引	学生总结、要点记录
知识点	一	
^	二	
技能点	一	
^	二	
存在的问题记录		
反思总结		

任务 1-2-2　命题说话

任务描述

《普通话水平测试大纲》规定,说话测试是"测查应试人在无文字凭借的情况下说普通话的水平,重点测查语音标准程度、词汇语法规范程度和自然流畅程度"。

普通话水平测试中的命题说话部分属于单向式主体说话,即由应试人向主试人(计算机)单向陈说话题规定的内容,是三分钟独白式的言语活动。因为如实而综合地反映应试人普通话的真实水平,它通常被认为是普通话水平测试中最难的项目。

《普通话水平测试大纲》规定的说话测试话题共 50 个,分值为 40 分。测试时,由应试人从两个话题中选择一个,单向陈说 3 分钟,从语音标准程度、词汇语法规范程度、自然流畅程度三个方面考查应试人在没有文字凭借的情况下说普通话的水平。

说明:

本材料共有话题 50 例,供普通话水平测试命题说话测试使用。本材料仅是对话题范围的规定,并不规定话题的具体内容。

1. 我的一天
2. 老师
3. 珍贵的礼物
4. 假日生活
5. 我喜爱的植物
6. 我的理想(或愿望)
7. 过去的一年
8. 朋友
9. 童年生活
10. 我的兴趣爱好
11. 家乡(或熟悉的地方)
12. 我喜欢的季节(或天气)
13. 印象深刻的书籍(或报刊)
14. 难忘的旅行
15. 我喜欢的美食
16. 我所在的学校(或公司、团队、其他机构)
17. 尊敬的人
18. 我喜爱的动物
19. 我了解的地域文化(或风俗)
20. 体育运动的乐趣
21. 让我快乐的事情
22. 我喜欢的节日
23. 我欣赏的历史人物
24. 劳动的体会
25. 我喜欢的职业(或专业)
26. 向往的地方
27. 让我感动的事情
28. 我喜爱的艺术形式
29. 我了解的十二生肖
30. 学习普通话(或其他语言)的体会
31. 家庭对个人成长的影响
32. 生活中的诚信
33. 谈服饰
34. 自律与我
35. 对终身学习的看法
36. 谈谈卫生与健康
37. 对环境保护的认识
38. 谈社会公德(或职业道德)
39. 对团队精神的理解
40. 谈中国传统文化
41. 科技发展与社会生活
42. 谈个人修养
43. 对幸福的理解
44. 如何保持良好的心态
45. 对垃圾分类的认识
46. 网络时代的生活
47. 对美的看法
48. 谈传统美德
49. 对亲情(或友情、爱情)的理解
50. 小家、大家与国家

知识技能点

理论精粹

知识点一:说话测试的目的和要求

这里的"说话",指的是普通话水平测试中"说话"一项。和朗读相比,说话可以更有效地考查应试人在自然状态下运用普通话语音、词汇、语法的能力,最能全面体现应试人普通话的真实水平。

首先是语音规范。测试时,用"语音面貌"来指称。通过记录应试人说话时的语音失误以及相应存在的方音程度,为应试人判定语音面貌的档次。

其次是词汇、语法规范程度。考查应试人在测试过程中是否使用了与普通话不一致的方言词汇,是否用了方言句式,根据其规范程度判定档次。

最后是说话是否自然、流畅的问题。考查应试人说话时普通话的语感、口语化的程度,有无磕碰等,根据具体情况判定档次。

测试的形式是单向说话,不是与主试人对话。单向说话,就是一个人说,但不是说给自己听的"自言自语",而是说给计算机听的"单向说话"。因此,为了机测时保证录音清楚,应该声音响亮,吐字清晰,语速恰当,不要语音含混,语意不清。

知识点二:说话测试的评分点

1. 语音准确,语调自然

说话测试时,应试人应努力做到语音准确、规范,就是读音要符合普通话声、韵、调的发音规范,语流音变的运用要熟练而准确;说话自然指的是按日常口语的语音、语速来说话,亲切朴实,不要带着朗诵或背诵的腔调;说话流畅指不出现断断续续或无意义重复的现象,语句简洁,避免口头禅。

2. 语词恰当,语法规范

说话过程中应尽量避免夹杂方言词语,多用口语词,少用书面语词,不应使用未经规范的新造词语、网络用语等;要注意语法的严谨和规范,不出现有语病的句子,也不能出现受方言影响的句法错误。

3. 题旨明确,语料充足

题旨明确是指应试人以话题为依据,在短时间内就让主试人明白自己的题意、立场,而后根据话题要求恰当加以述说;语料充足是指应试人在3分钟时间的述说中,备有充足的围绕题旨的表达材料。

4. 思路明晰，表达流畅

说话测试时要求应试人应具有较强的思维能力，将准备好的语料有条理地整理成明晰的话语表达出来。从这方面看，说话测试其实是对应试人思维能力和语言能力综合素质的检测。因为思路是否清晰、语言掌握是否熟练直接关系到表达的流畅程度。

5. 语态从容，风格鲜明

语态从容、风格鲜明是对话语表达者整体表达风貌上的关注，是较高水平说话的要求。语态从容指表达者应试心态平静，情绪稳定，态度从容，说话节奏舒缓、速度适中；风格鲜明指表达者说话时个性凸显、情感丰富，形成恰当的风格。说话测试虽没有在这些方面设立评分点，但应试者要取得较高的等级，这方面做不好是不行的。

实践精粹

技能点一：准确审题

每一则话题的题意和内容要求不同，但从总体上可以进行分类。如从表达类型上看，大体可分为记叙和议论两大类；从陈说对象上看，又大体可分为人、事、物。见表1-2-2-1。

表1-2-2-1 说话题目归类

类型	描述	示 例	
记叙类题目	说人	老师 尊敬的人	朋友 我欣赏的历史人物
	说事	我的一天 难忘的旅行 让我感动的事情	过去的一年 让我快乐的事情
	说动植物、物品、风土	珍贵的礼物 家乡（或熟悉的地方） 我喜欢的节日 向往的地方	我喜爱的植物 我喜爱的动物 我了解的地域文化（或风俗） 我了解的十二生肖
	介绍说明	假日生活 童年生活 我喜欢的季节（或天气） 印象深刻的书籍（或报刊） 我所在的学校（或公司、团队、其他机构） 我喜欢的职业（或专业） 网络时代的生活	我的理想（或愿望） 我的兴趣爱好 我喜爱的美食 我喜爱的艺术形式
议论类题目	心得、体会、看法	体育运动的乐趣 学习普通话（或其他语言）的体会 家庭对个人成长的影响 生活中的诚信 自律与我	劳动的体会 谈服饰 对终身学习的看法

续表

类型	描述	示	例
		谈谈卫生与健康 谈社会公德（或职业道德） 谈中国传统文化 谈个人修养 如何保持良好的心态 对美的看法 对亲情（或友情、爱情）的理解	对环境保护的认识 对团队精神的理解 科技发展与社会生活 对幸福的理解 对垃圾分类的认识 谈传统美德 小家、大家与国家

技能点二：准备说话测试的内容

测试中要准备足够说 3 分钟的材料才能取得好成绩，不能因怕出差错而"少说为佳"。按正常每分钟 240 字的口语表达速度，3 分钟时间大约需要准备 600—800 字的材料。

可按题目类别准备说话内容。

1. 准备说一个人的材料

思考为什么要说他，围绕他选什么材料，突出他的个性特征、精神风貌等。

2. 准备一两件事

明确这些事是让人难忘的、感兴趣的，还是愉快的事。要回忆清楚事情的来龙去脉、前因后果，事情发生、发展过程中的细节，表现事件的意义，加深听众的印象。

3. 准备好议论题目的材料

议论题目的材料可以从事实材料和理论材料两个方面去准备。事实材料最好是自己亲身经历的人、事，周围熟悉的人、事等，在考试中不易忘词。平时可以根据题目要求准备一些理论材料，不必很深奥，只要在说话中表明思想观点，明辨是非曲折就可以了。

技能点三：认真构思

选材和构思往往是同时进行的，先说什么，后说什么，怎样过渡，怎样结束，要理好思路。

1. 说人的话题

①明确所说对象。②介绍所说对象的职业、年龄、外貌特征等。③点明要说的某个方面，如：家庭的和睦、爸爸的严厉、妈妈的疼爱、好友的境遇、师长的可敬、集体的温暖等。④用具体事例（事件的时间、地点、缘由、经过、结果）来说明所说对象的某个特征。⑤总体概括所说对象，抒发情感。

如《尊敬的人》《老师》《朋友》等。

2. 说事的话题

①点明要说的事件是什么。②具体记叙事件发生的时间、地点、所涉及的人物、缘由、经过、结果等，越具体越好。③抒发感受，阐释话题。

如《我的一天》《过去的一年》《难忘的旅行》《让我快乐的事情》《让我感动的事情》等。

3. 说生活的话题

①概述话题所要求的基本情况或基本状态，如学习生活是怎样一种状态、风俗是什么等。②具体记叙话题要求的内容，最好能结合两三个事例（或材料）来说明。③总结感受或认识，表

明态度。

如《假日生活》《童年生活》《网络时代的生活》等。

4. 说所爱的话题

①先点明所爱的具体事物,如哪种动物,哪种植物,哪种职业,哪些节日等。②说明所爱对象的概况,如动植物的外部特征、生活习性,职业的特点要求,节日的来源和基本情况等。③叙述"我"与所说对象的联系(最好有具体事例),说明所爱的原因。

如《我喜爱的植物》《我喜爱的动物》《我喜欢的节日》《我的兴趣爱好》《我喜欢的季节(或天气)》《我喜欢的美食》《我喜欢的职业(或专业)》《我喜爱的艺术形式》等。

5. 议论类话题

①解题,表明自己的观点或态度。②举出两三个具体事例来证明(或说明)自己的观点。③得出结论,总结陈说。

如《劳动的体会》《学习普通话(或其他语言)的体会》《对亲情(或友情、爱情)的理解》《谈个人修养》《对幸福的理解》等。

温馨提示

1. 说话测试开始时先说出你选择的说话话题。
2. 避免使用方言词,少用"嗯""啊""那么"等语气词或口头禅。
3. 少用书面语,多用口语;少用长句、复句,多用短句、单句。不必追求辞藻的华美。
4. 避免简单重复等无效话语,也不要长时间停顿。
5. 说话测试没有文字凭借,这就要求应试者在备试时要加强对所说内容的熟练的记忆,打好说话腹稿,真正做到有备而来。

综合训练

1. 语音面貌的训练

"语音面貌"指的是在说话测试中,应试人在口语上所反映出来的普通话的语音风貌。测试员根据出现的字音错误以及方音程度,按照《普通话水平测试大纲》制定的评分标准评定档次。

语音面貌档次评定的依据是两点,一是语音失误率,二是方音特征程度。语音面貌的训练要求主要有:

(1) 迅速确定说话题目和中心。
(2) 说话前对材料应准备充分,减少因材料不充分而导致的方音。
(3) 控制说话情绪和节奏。不说自己容易激动的话题,说话过程不要过快。

2. 词汇语法规范训练

学习普通话不能只学习语音,还要掌握普通话的词汇和语法。如果你用方言词或方言语法说话,即使使用标准的普通话语音发音,外地人还是听不懂。

全国各地汉语方言在句法方面和普通话的差异不是很大。南方方言如粤语、闽语、客家语和吴语等与普通话的差异略大一些;湘语、赣语次之;北方方言差异较小。在词汇和构词法方面,各种方言和普通话的差异较大。在参加普通话测试的时候,应掌握普通话词汇、语法,尽量在此项目上不丢分。

3. 说话自然流畅训练

"自然流畅"是说话测试中,综合评定应试人语音、语调的一个项目,它要考查这样几个方面:口语化程度如何?是否带有朗诵或背诵腔?语速是否符合言语实践中的正常语速?为达到这一项少失分或不失分的目的,在平时的训练中应做到以下几点——

(1) 尽量使用口语词,少用书面语词。
(2) 强调日常口语用普通话,培养普通话语感。
(3) 说话时,杜绝朗诵腔、演讲腔,把握"聊"的语气特点。
(4) 语速适当,话语自然。

实训

请以组为单位进行讨论:如何走出说话的误区?

学习记录
_____
_____

问题点拨

任务考核

从普通话说话 50 题中抽签,进行命题说话。

任务评价

表 1-2-2-2 任务完成评价表

班级:_____ 姓名:_____ 学号:_____ 完成时间:_____						
任务名称:命题说话						
评价内容与评价指标	错误处	评价等级	评价主体			
			自评	互评	师评	备注
命题说话,错误音 1 个字扣 1 分;自然流畅(卡壳、结结巴巴)酌情扣分;词汇、语法错误一处扣 0.5 分。80 分合格		优				
		良				
		中				
		差				
总结						

反思总结

表1-2-2-3 任务学习过程总结表

班级：_____ 姓名：_____ 学号：_____ 完成时间：_____		
任务名称：命题说话		
类别	索引	学生总结、要点记录
知识点	一	
	二	
技能点	一	
	二	
	三	
存在的问题记录		
反思总结		

附录

国家普通话水平测试模拟卷一

国家普通话水平测试模拟卷二

国家普通话水平测试模拟卷三

国家普通话水平测试模拟卷四

国家普通话水平测试模拟卷五

模块二 声声传情

——诵读讲演的基础及技巧

中华文化积淀着中华民族最深沉的精神追求,是中华民族生生不息、发展壮大的丰厚滋养。传统文化的精髓通过代代相传根植在人们骨子里,塑造了他们的审美观、价值观和道德观。经典诵读要紧紧把握社会主义核心价值观,突出经典诗文的道德、情感、美感、意蕴等,体现系统的、全面的、可感知的、可吟咏的文化内涵。

岗位能力要求

吐字清晰、流畅、生动,特别是语文教师更要学会诵读。

思想引领

习近平总书记在河南安阳殷墟遗址考察时指出,中国的汉文字非常了不起,中华民族的形成和发展离不开汉文字的维系;中华优秀传统文化是我们党创新理论的"根"。我们要准确把握"两个结合",将推广普及国家通用语言文字与传承弘扬中华优秀语言文化有机融入"时代新人铸魂工程",融入"全国青少年读书行动"。

拓展阅读

思政加油站

勤 能 补 拙

古希腊最著名的演讲家德摩斯梯尼是一个口吃患者,吐字含糊不清,耸肩缩头,风度欠佳。在第一次演讲时,他是在听众的一片嘲笑中被轰下台去的。第一次演讲就遭到如此惨败,使他十分难受。这时好心的朋友劝他,根据他的条件今后还是以避免这一类社交活动为上策。但是德摩斯梯尼并不因此退却,他开始苦练演讲基本功。为了克服口吃病,他口含鹅卵石,大声讲话,摩擦使得他满嘴鲜血淋漓。为了改变耸肩习惯,他又在头颈上悬挂双剑,以正姿势。更使人感动的是,为了长期训练,持之以恒,他把自己的头发削去了一半,弄成个"阴阳头"丑相,迫使自己关起门来苦练,终于成功地创造了气度非凡、潇洒自如的演讲风格。

模块导学

要掌握用气发声与吐字归音技巧,充分利用表情、手势、姿势等丰富的态势语言,掌握诵读语言表达技巧,包括停顿、重音、语气、语调、节奏等,把握不同体裁课文诵读要领,能声情并茂地诵读。

项目一　用气发声与吐字归音技巧训练

任务 2-1-1　用气发声与共鸣控制训练

📋 任务描述

学习用气发声与共鸣控制，力求用气顺达、气息通畅、声音集中、声音圆润饱满。

知识技能点

理论精粹

人总是喜欢听悦耳动听的声音，交谈时先接收一个人的声音，然后才进一步判断他讲的是什么。有些人虽然普通话标准，但声音不好听，让人很不喜欢听他说话。也有些人，他们普通话很标准，声音也还好，但总让人听不清楚他们在说什么。还有的人前两个问题都不存在，遗憾的是他们发出的字音不饱满、不圆润。

知识点一：气息的作用

气者，音之帅也——气息是声音的统帅。气动则声发——气息推动声带振动发出声音。声带富有弹性，气息不同，声带振动频率不一样，能发出不同的声音，使语句更加连贯，声断气不断。运用好气息，能使吐字更加清晰有力，这是表达感情的重要手段。情、声、气紧密相连，情感与声音之间通过气息这座桥梁联系起来。

知识点二：胸腹联合式呼吸法

气息是否控制得好，是声音好听与否的关键。平时我们常用较浅、较少量的气息说话，声音往往不够响亮、悦耳度不够好。生活中大多数人习惯使用胸式呼吸,而最科学的发声要求是胸腹联合式呼吸,具体地说就是气吸到丹田——在肚脐下面三指的地方。使用这种呼吸方法,吸气时会感觉到后腰向两边张开,呼气时,也就是说话的时候,后腰随着气流的缓缓流出慢慢地缩小,小腹也渐渐地收紧。

运用这种呼吸方法,小腹和后腰始终在有控制的状态中,不能完全放松。当气息还没有完全用完的时候,就要开始再吸气,这样循环往复地进行。刚开始这样做的时候,会感觉腰和小腹都很累,等练习的时间久了,习惯后,就不累了。

科学的气息状态对发声来说是最重要的,也是最基本的一步。等我们真正掌握了胸腹联合式呼吸,就会发现说话声音好听,嗓子也轻松,而且还能通过调整气息,发出不同的虚实变化的声音,从而表达出语言中蕴含的丰富多样的感情色彩。

实践精粹

技能点一:用气发声训练

1. 吸气训练

扩展两肋,小腹内收,将气吸到肺底。

(1)两肩放松。吸气前要微微张开嘴.让口鼻同时进气,气息尽量往深吸,吸到小腹下面丹田的位置。呼吸的控制部位在腰部,上胸要放松,让气顺畅地到达小腹下面。

(2)两肋打开。感觉吸气时后腰向两边张开,当然只有两肩和胸部都放松,才能感觉到这点。训练时,可以将两只手卡在腰部去感觉。

(3)小腹站定。小腹是发声过程中的控制部位。吸气时,小腹不能鼓起来,要微收,但也不能收得太多。收得太多,就会把吸进去的气挤到胸部来,造成声带挤压。小腹要控制好,就要有一定的紧张度。如果小腹控制不住气息,平时可以用仰卧起坐来练小腹肌肉的控制力。

2. 呼气训练

稳定持久地慢慢呼出。

(1)稳定。呼气时气要慢慢地呼、均匀地出,小腹和后腰要始终在有控制的状态中。练习时可以用一张纸放在嘴边,通过纸的抖动幅度来测试自己呼出气息的均匀程度。

(2)持久。呼气时时间要尽可能长,一方面吸气要深和多,另一方面小腹和后腰要有控制力。在说话的时候,一口气说的时间要尽可能长,少换气,否则会给人上气不接下气的感觉。

(3)自如。气息的吸入和呼出都要自如,不能僵硬。训练要领:呼气要平稳、有控制(时间、气量、均匀),要随内容和情感的变化调节呼气的强弱、快慢,加强唇、舌力度。

实训

1. 以小组为单位进行训练。

(1)缓慢持续发"si"或"yu"的声音。以叹气的方式呼出,并不带任何语音,体会喉部如何放松。

(2)反复弹发"ha""hei""huo""ye",体会膈肌和丹田的控制能力。

2. 比一比。

　　同桌之间,一人缓慢持续发"si"或"yu"的声音,一人看表,找找班级肺活量最大的同学,看看谁说得时间长、气息足。

　　呼吸需要慢慢的、反复的训练和体会,随着训练次数的增多,气息由刚开始的有意识控制、不自然,逐步过渡到有意识控制、自然,最后到无意识的自然控制。这需要大量实践的积累。发声训练没有捷径可走,只有踏实地、认真地、反复地训练才行。

 实训

1. 完成以下快吸慢呼练习。
　　(1) 坐姿快吸慢呼。
　　由于吸气时气息是下行的,气息和自身的座位形成了反作用力。对于初学者,先练坐姿吸气容易感受正确的呼吸方法。
　　为了专心体会正确的呼吸方法,最先训练时可以不发声,掌握吸气方法后,再结合发声进行呼气的控制训练。呼气训练设计成闻鲜花、闻饭香等,可以让训练时紧张的心情得到放松。
　　练习时要坐在硬面椅子上,两眼平视前方,下巴微收,挺直腰身,用左手扶住腰的右侧或用右手扶住腰的左侧,用手来感觉气息的行走。
　　(2) 站姿快吸慢呼。
　　刚开始练站着呼吸的时候,可能一下子找不到气沉丹田的感觉,可以先提一壶水或重的东西找感觉,用手扶着腰仔细体会。
　　练习时要求双肩自然放松,双臂自然下垂,眼睛平视前方,下颌微收,挺胸收腹,男同学两腿之间保持一定距离,女同学两腿靠拢。吸气尽量要吸到丹田,然后慢慢把气均匀地吐出来。呼气时可以在嘴前放一张纸,通过纸的抖动来体会吐气的均匀程度。也可以设想自己放声呼唤某个人,把手放在后腰,感觉气息的运动状态,并体会小腹随着气息的流出逐渐回收的感觉。

2. 比一比,看谁数的葫芦多。要求气息足,声音清晰。

数　葫　芦

　　一口气数不了二十四个葫芦,四十八个瓢。一个葫芦两个瓢,两个葫芦四个瓢,三个葫芦六个瓢,四个葫芦八个瓢,五个葫芦十个瓢,六个葫芦十二个瓢,七个葫芦十四个瓢,八个葫芦十六个瓢,九个葫芦十八个瓢,十个葫芦二十个瓢,一直说下去,看你能数多少个葫芦多少个瓢!

朗读示范

技能点二:共鸣控制训练

口腔共鸣:口腔空间要大,声音要立起来,不要太扁,发音不可太靠前。

胸腔共鸣:可用较低的声音弹发"ha"音,体会胸部响点的上移和下移,适宜表达较低又柔和的声音。

鼻腔共鸣：发口音时，软腭上挺，堵住鼻腔通道；发鼻音时，软腭下垂，打开鼻腔通路，体会口腔共鸣。高音可带点鼻音。

实训

普通话发音时体会胸腔共鸣，或者低低地哼唱，体会胸腔的震动；降低喉头的位置，喉部放松、放松、再放松；打开上下槽牙，给口腔共鸣留出空间，用手去摸摸耳根前大牙的位置，看看是否打开了提颧肌。

请以组为单位进行口腔训练，谈一谈体会。

学习记录

_____
_____

任务考核

读绕口令《数枣》。

数　　枣

出东门，过大桥，大桥底下一树枣，拿着杆子去打枣，青的多，红的少。一个枣、两个枣、三个枣、四个枣、五个枣、六个枣、七个枣、八个枣、九个枣、十个枣，十个枣、九个枣、八个枣、七个枣、六个枣、五个枣、四个枣、三个枣、两个枣、一个枣，一口气说完才算好。

任务评价

表 2-1-1-1　任务完成评价表

班级：_____ 姓名：_____ 学号：_____ 完成时间：_____					
任务名称：用气发声与共鸣控制训练					
评价内容与评价指标	错误处	评价等级	评价主体			备注
^	^	^	自评	互评	师评	^
读绕口令《数枣》：清晰明亮，气息通达顺畅，一口气数完为优秀。中间气息中断一次，为良好。中间气息中断两次，为中。中间气息中断三次及以上，为差		优				
^	^	良				
^	^	中				
^	^	差				
总结					

反思总结

表 2-1-1-2 任务学习过程总结表

班级: _____ 姓名: _____ 学号: _____ 完成时间: _____			
任务名称:用气发声与共鸣控制训练			
类别	索引	学生总结、要点记录	
知识点	一		
	二		
技能点	一		
	二		
存在的问题记录			
反思总结			

任务 2-1-2 吐字归音训练

任务描述

学习吐字归音的技巧,要求口腔适度打开,唇舌有力,达到声音明亮、饱满、咬字清晰、字正腔圆的效果。

知识技能点

理论精粹

知识点:吐字归音概述

音节的发音过程分为出字、立字和归音三个阶段。

出字:字头(声母或声母加韵头)的发音过程,也是"咬字"阶段,要求发音干净利落,弹发有力,部位准确。

立字:字腹(韵腹)的发音过程,要求拉开立起,"开口音稍闭,闭口音稍开"。

归音:字尾(韵尾)的发音过程,也是音节发音的收尾过程,要求字尾弱收,归音干净利索,趋向鲜明。元音韵尾归到 i 或 u,鼻音韵尾归到 n 或 ng,没有字尾的音节(开尾音节),归音时应保持字腹的发音口形,声不断形不变。

实践精粹

技能点一:打开口腔基本训练

有的人音质还不错,但他们说话总让人听不清,这是为什么呢?关键原因是嘴张得太小,舌体活动缺少足够大的空间,或是唇舌太松软。打开口腔叫作口腔的静态控制。口腔的前后都需打开,上腭上抬,下巴放松。打开口腔具体方法有四个步骤:

1. 提颧肌

颧肌即脸部眼睛下面突出来的那两块肌肉,也就是我们脸上一笑就突出来的那两块肌肉。提颧肌表面看起来就是脸部呈微笑状,其实它们不完全一样。微笑只是把脸上的肌肉提起来了,而提颧肌要求把口腔里的肌肉也同时提起来。只有口腔里的肌肉提起来了,口腔里的空间才会增大。

2. 打牙关

牙关不是指人微笑时露出的两排门牙,而是指吃饭咀嚼时用的后槽牙。张嘴说话时,上下后槽牙之间要有一定的空间,目的也是增大口腔内部的空间,使舌体的活动范围增大,使声音听起来悦耳、响亮。

3. 挺软腭

软腭在硬腭后面,那里的肌肉比较柔软,所以叫软腭。挺软腭有两个作用:一是软腭挺起来,堵住了鼻腔通道,发出的声音就没有那么多鼻音了,而鼻音重会影响声音的清晰度和悦耳度。二是软腭挺起来,口腔里的肌肉也就随之紧张起来,这种口腔环境中发出的声音比较集中、明亮。很多人说话声音散、闷,一个很重要的原因就是口腔里的肌肉太松软。

4. 松下巴

下巴什么时候都不能主动用力,否则就会影响颧肌的上提,并且会使下牙跑到上牙前面,从而影响发音和美观。发音时下巴自然放松、轻柔运动,就感觉下巴不存在一样。

在练习中,这四个步骤是同时进行、彼此关联和互相影响的。为了提高练习的效果,可以拿个小镜子放在面前。练习时不仅要用感觉、用意识调整自己的状态,还要随时观察口腔里肌肉的运动。无数的实践证明,用视觉调整口腔的发声状态是一种切实有效的好方法。我们也可以借助半打哈欠的感觉找打开口腔的状态。

实训

1. 请以组为单位练习,看谁的口部动作更规范。

   (1) 开口度练习。

   【动作】张嘴像打哈欠,闭嘴如啃苹果。开口的动作要柔和,两嘴角向斜上方抬起,上下唇稍放松,舌头自然放平。

（2）两腮肌肉运动练习。

【动作】张口咀嚼与闭口咀嚼结合进行，舌头自然放平。

（3）双唇练习。

【动作】

双唇闭拢向前、后、左、右、上、下，以及左右转圈；双唇打响。

2. 朗读《登鹳雀楼》。

登 鹳 雀 楼

〔唐〕王之涣

白日依山尽，

黄河入海流。

欲穷千里目，

更上一层楼。

学习记录

_____

_____

技能点二：唇舌训练

1. 唇的训练

唇的力量要集中在唇的中央1/3处。喷——双唇紧闭，阻住气流，突然放开爆发出"b"和"p"音。撮——双唇紧闭，撮起，嘴角后拉交替进行。撇——唇撮起用力向左、向右歪，交替进行。绕——双唇紧闭，左绕360度，右绕360度，交替进行；把嘴唇拢圆，如发"u"状，再迅疾向两边展开，如发"i"状，反复练习；双唇紧闭，再分开，先慢后快；下齿向上唇迅速靠拢，再分开，先慢后快。

2. 舌的训练

舌力集中，一是将力量主要集中在舌的前后中纵线上，二是舌在发音过程中要取"收势"，收拢上挺。刮——舌尖抵下齿背，舌中用力，用上门齿刮舌尖、舌面。弹——力量集中于舌尖，抵住上齿龈，阻住气流，突然打开爆发出"t"音。咳——咧唇，舌根抵软硬腭交界处，阻住气流，突然打开爆发出"g""k"音。顶——闭唇，用舌尖顶左右内颊，交替进行。绕——闭唇，用舌尖在唇齿间左右环绕，交替进行。用短促的声音反复发"di"—"da"。

实训

1. 以组为单位练习，看谁的舌部动作更规范。

   【动作】

   （1）舌尖顶下齿，舌面逐渐上翘。

   （2）舌尖在口内左右顶口腔壁，在门牙上下转圈。

   （3）舌尖伸出口外向前伸，向左右、上下伸。

(4) 舌在口腔内左右立起。
(5) 舌尖弹硬腭。
(6) 舌尖与上齿龈接触打响。
(7) 舌根与软腭接触打响。

2. 完成以下绕口令。

(1) 练双唇的绕口令。

八百标兵奔北坡,炮兵并排北边跑。炮兵怕把标兵碰,标兵怕碰炮兵炮。

(2) 练舌尖的绕口令。

调到敌岛打特盗,特盗太刁投短刀。挡推顶打短刀掉,踏盗得刀盗打倒。

(3) 练开口腔的绕口令。

哥挎瓜筐过宽沟,赶快过沟看怪狗。光顾看狗瓜筐扣,瓜滚筐空哥怪狗。

学习记录

_____

_____

技能点三:吐字归音训练

吐字归音三要领:咬狠、吐圆、收准。

1. 咬狠

这里的"狠",不要理解为字字使拙劲,狠咬死咬。"狠"的意思是"重",即相对于字腹与字尾,字头要出得重些,要适当地加强力量。字头咬狠是决定全字清晰致远的首要条件,是以声感人的前提。在发音过程中,字头主要由辅音声母或辅音声母与介母拼合构成,而辅音声母的发音是通过"成阻""持阻"和"除阻"三个阶段进行的。因此,不同阶段要求不同:

第一,字头在发音器官构成阻碍(或口腔成型)的着力位置要准确不含糊,接触面积要适当,这决定了字音轮廓的准确度。

第二,成阻部位的肌肉要有一定的紧张度,以强化吐字器官对气流的阻力,字头阻气有力,气息才能在成阻部位形成一定的压力,从而使咬字具有一定的力度。

第三,突破障碍的方法要对,力量要足,时间要短,发音要重,气息要有一刹那间的爆发力,爆发力量要集中在相应部位尽可能小的面积上,这决定字音发出过程的清晰度。

总的来说,咬字应该这样:找准字头成阻的部位,用力合拢,使气息形成较大的阻力;然后突然张开,一触即发,使气息短促有力、灵活干脆地冲破阻力以形成爆破式的摩擦声;之后立即借助字头"引力"的惯性过渡到字腹。犹如擦火柴一样,一擦即亮,亮的地方就成了字腹。

2. 吐圆

吐圆,指的是对字腹进行均衡、丰满、圆润、宽广的塑造。"字是骨头腔是肉",这里所说的"腔",可以理解为字腹。字腹都是元音构成的,是一个音节中口腔开口度最大、时值最长、色彩最丰富、语音共鸣最为丰满、最能表现嗓音的部分。因此,真正的口语发声应该是在字腹的造型上进行的。

字腹发音的口腔动作与字头发音相反，不是用力阻气，而是尽可能地让气流通畅自由地流动，以发挥口腔共鸣和放大声音的作用，从而突出韵母中的主要元音。因而，当字头成形之后，就要适度打开口腔，通过口腔器官的开、齐、合、撮（四呼）协调成不同的状态，同时提起软腭，稳定喉头，让字腹中的元音在口腔的后半部适当地拉宽、延伸、强化，并充分发挥各共鸣腔体的共鸣作用，使之放出宽广响亮、充实圆润的声音。字腹还要具有一定的流动性和倾向性，自然流畅、顺水推舟地转向字尾。

3. 收准

收准是指把放出去的韵母干净利落、趋向鲜明地收到准确的位置上来。汉语音节的字尾有元音尾韵母，如 i、u、o；也有辅音尾韵母，如 n、ng。不同的韵尾字有不同的收声，要根据字尾每个音素的发音特点，轻巧准确地归正音位，使字音有个清楚完整的结束。一般来说，除了后鼻音字尾外，字尾的时值比字腹短暂得多。但是，因为字尾是完成整个字音的最后程序，所以字尾的音位归得准确恰当与否，对于"字正"起着重要的作用。收准字尾是正确完成一个字音的关键。

当整个字音在字尾上结束的时候，气流要稍稍减弱，音量收小，为下一个字头有力的喷弹积蓄力量。如此循环往复、环环相扣，字与字之间便容易做到既衔接连贯又颗粒清楚。

 实训

朗读《长江之歌》。

长 江 之 歌

胡宏伟

你从雪山走来，春潮是你的风采
你向东海奔去，惊涛是你的气概
你用甘甜的乳汁，哺育各族儿女
你用健美的臂膀，挽起高山大海
我们赞美长江，你是无穷的源泉
我们依恋长江，你有母亲的情怀

你从远古走来，巨浪荡涤着尘埃
你向未来奔去，涛声回荡在天外
你用纯洁的清流，灌溉花的国土
你用磅礴的力量，推动新的时代
我们赞美长江，你是无穷的源泉
我们依恋长江，你有母亲的情怀
啊，长江！

学习记录

_____

_____

问题点拨

任务考核

朗读古诗《春晓》。

春　晓

〔唐〕孟浩然

春眠不觉晓，
处处闻啼鸟。
夜来风雨声，
花落知多少。

任务评价

表 2-1-2-1　任务完成评价表

班级：＿＿＿　姓名：＿＿＿　学号：＿＿＿　完成时间：＿＿＿						
任务名称：吐字归音训练						
评价内容与评价指标	错误处	评价等级	评价主体			备注
^	^	^	自评	互评	师评	^
朗读古诗《春晓》，口腔适度打开，声音明亮、饱满，字韵正确，咬字清晰、字正腔圆		优				
^	^	良				
^	^	中				
^	^	差				
总结						

反思总结

表 2-1-2-2　任务学习过程总结表

班级：＿＿＿　姓名：＿＿＿　学号：＿＿＿　完成时间：＿＿＿		
任务名称：吐字归音训练		
类别	索引	学生总结、要点记录
知识点	一	
技能点	一	
^	二	
^	三	
存在的问题记录		
反思总结		

项目二　态势语言训练

任务 2-2-1　态势语言训练

📋 任务描述

学习态势语言表达的技巧，通过身姿、动作、手势、表情、眼神，准确鲜明、自然形象地演绎文本的思想感情，达到渲染气氛、增强形象表达的效果。

知识技能点

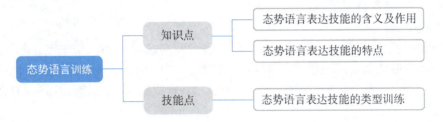

理论精粹

知识点一：态势语言表达技能的含义及作用

西方心理学家研究表明，信息传播的总效果＝7%的文字＋38%的声音＋55%的面部表情。成功的口语交际和教育、教学活动，不仅得力于优秀的有声语言，也伴随和谐、得体的态势语言，它是内容、情感的自然表达，是个性风格的自然流露。态势语言运用的美学要求是适度、自然、协调、优美，要同有声语言的内容、语调、响度、节奏等协调，同说话者或听话者的心态、情感吻合，各构成要素（如身姿、手势、表情、目光）之间要做到局部与整体的和谐。

态势语言是指教师在教育教学活动中通过身姿、手势、表情、眼神等手段传递信息的一种行为形式。例如，魏巍在《我的老师》中写道："仅仅有一次，她的教鞭好像要落下来，我用石板一迎，教鞭轻轻地敲在石板边上，大伙笑了，她也笑了。我用儿童的狡猾的眼光察觉，她爱我们，并没有存心要打的意思。孩子们是多么善于观察这一点呵。我们见了她不由得就围上去。即使她写字的时候，我们也默默地看着她，连她握笔的姿势都急于模仿。"老师的爱在这"好像要落下来""轻轻地敲""笑了"中体现出来。

态势语的作用主要有：第一，它是口语的必要深化和补充，使口语更有力、更明确、更准确。

第二,它能展现口头语言难以表达的感情或态度。第三,用它来组织教学活动,可以节约时间,调节气氛,联系感情。第四,学生思维形象具体,生活经验、词汇量有限,因此更需要教师的态势语言的辅助。

知识点二:态势语言表达技能的特点

直观性:能形象、直观地表达事物。
丰富性:同一事物可以用不同的态势语言来表达。
模糊性:同一个动作有多种含义。
易感性:容易被观众感知。

实践精粹

技能点一:态势语言表达技能的类型训练

1. 身姿语言

身姿语言是通过头、颈、躯干和四肢的相对体位变化来传递信息的,有四个基本类型:接近、退却、伸展、收缩。"站如松,坐如钟,行如风"是身姿训练的基本要求。

站姿:端庄,头部平抬,身躯重心稳定,精神饱满。
坐姿:前倾,腿位要规则,给人留下端庄又亲切的感觉。
走姿:大方,两臂自然摆动。

2. 头势语言

头势语言通过头部活动来传递信息。点头表示赞同;摇头表示否定;低头表示谦逊或忧虑;昂头表示勇敢或高傲;侧缩头表示软弱;垂头表示失望;倾斜头表示得意或愉悦;头左右微摇表示多疑或不忍;前突表示惊讶或逗趣;微倾表示观察或思考;直立表示庄严或坚强。

实训

用恰当的体态语和头势语来表达以下词语。
赞同;否定;谦逊或忧虑;勇敢或高傲;软弱、失望;得意或愉悦;多疑或不忍;惊讶或逗趣;观察或思考;庄严或坚强

学习记录

_____
_____

3. 面部语言

面部语言通过眉、眼、口、鼻的活动和形状变化来传递信息。表示感兴趣的面部语言有:眉毛微微上扬,双眼略睁大,口部微张,嘴角略上翘,呈微笑状;表示满意的面部语言有:眼睛略闭,嘴角上翘,面露微笑;表示亲切的面部语言有:双眼微眯,嘴角微翘,面露微笑;表示询问的面部语言有:眉毛上扬,眼睛略睁大,嘴角微微张开;表示严肃的面部语言有:眉毛微皱,双唇紧紧抿在一起,眼睛略略睁大。

实训

1. 两人为一组,运用以下面部表情体现人的情绪状态。
   教师常用的面部语言训练:
   (1) 表示感兴趣的面部语言。
   (2) 表示满意的面部语言。
   (3) 表示亲切的面部语言。
   (4) 表示询问的面部语言。
   (5) 表示严肃的面部语言。
   训练要领:自然、大方、适度、富有表现力。
2. 根据文字提示,运用面部表情体现故事中小动物的情绪状态。
   小猴发愁了。
   小兔害羞了。
   老虎发怒了。
   小鸡高兴极了。
   小花猫害怕极了。

   学习记录
   _____
   _____

4. 目光语言——眼睛是表情语的核心

师生关系在活动中常常靠视线建立和维持,眼神表达时间为谈话时间的30%—60%。教师的眼睛注视学生的频率、时间的长短,直接能反映出教师对他们的关爱、鼓励或提醒、告诫。

 实训

1. 完成以下动作。
   (1) 环视:目光从左到右。
   (2) 凝视:严肃凝视、柔和凝视、亲密凝视。
   (3) 斜视:轻蔑、鄙视。
   (4) 仰视:思索、盘算。
   (5) 俯视:羞涩、含蓄。
   训练要领:目光柔和,不呆滞,不闪烁,不游移不定;目光适度,控制视线角度、长短、软硬。
2. 以组为单位进行讨论,在以下情况下,该怎样综合运用表情语、目光语。
   当学生回答准确时,_____。
   当学生精力分散时,_____。
   要使学生振奋,_____。

要使学生改正错误，_____。
3. 用目光语言表现以下情景。
   我，常常望着天真的儿童。（微笑）
   虽然素不相识，我也抚抚他们红润的小脸。（亲切）
   他们陌生地瞅着我，歪着头。（陌生）
   像一群小鸟打量着一个恐龙蛋。（惊奇）
   他们走了，走远了……（失望）
   示例：

学习记录

_____
_____

5. 手势语言
（1）手势语及其含义。
手势语是指用手指、手掌和手臂的动作和造型来表情达意、传递信息。交际中大致有如下四类手势。
① 情意手势，主要通过手势的方向、节奏、速度和力度的变化，来表达说话者的情感。
② 指示手势，用于指明谈到的人、事、物及运动方向等。
③ 象形手势，主要是用来模拟人或事物的形状、外貌，可使说明具体、直观。
④ 象征手势，可以用来表达比较抽象的概念，如 V 型手势表示胜利或和平。
（2）手势的三区及其特殊含义。
肩部以上为上区，多用来表达希望、胜利、喜悦、祝愿、抗议等感情，一般表达褒义。
肩部至腹部为中区，多用来表达叙事、说理等较平静、和缓的情绪，一般表达中性义。
腰部以下为下区，多用来表示否定、鄙弃、憎恨等内容，一般表达贬义。

 实训

1. 用手势语言表达如下含义：
   （1）手指训练。
   赞扬、轻蔑、指引、警告、请安静、喜爱、力量集中、控制、抓握、计算数目、细小物体。

（2）手掌与手臂训练。

恭敬、请求、赞美、欢迎、反对、否定、制止、报复、紧张、坦率真诚、老练机智。

实训要领：自然适度、放松随意（不僵化、不拘谨），手位上下开合适度，手位适当。

2. 综合运用态势语言生动地表达诗歌。

0的断想

0是谦虚者的起点，是骄傲者的终点；

0是一面镜子，让你认清自己；

0是一只救生圈，让弱者随波逐流；

0的负担最轻，但任务最重；

0是一面敲响的战鼓，让强者奋勇前进；

0是可以沉陷的大井，也可以是个实现目标的大舞台！

示例：

学习记录

_____

_____

任务考核

综合运用态势语言生动地表达。

狐假虎威

在茂密的森林里，有一只老虎正在寻找食物。一只狐狸从老虎身边窜过。老虎扑过去，把狐狸逮住了。狐狸眼珠子骨碌一转，扯着嗓子问老虎："你敢吃我？""为什么不敢？"老虎一愣。"老天爷派我来管你们百兽，你吃了我，就是违抗了老天爷的命令。我看你有多大的胆子！"老虎被蒙住了，松开了爪子。狐狸摇了摇尾巴，说："我带你到百兽面前走一趟，让你看看我的威风。"老虎跟着狐狸朝森林深处走去。狐狸神气活现，摇头摆尾；老虎半信半疑，东张西望。森林里的野猪啦，小鹿啦，兔子啦，看见狐狸大摇大摆地走过来，跟往常很不一样，都很纳闷。再往狐狸身后一看，呀，一只大老虎！大大小小的野兽吓得撒腿就跑。老虎信以为真,其实他受骗了。原来,狐狸是借着老虎的威风把百兽吓跑的。

任务评价

表 2-2-1-1 任务完成评价表

班级:_____ 姓名:_____ 学号:_____ 完成时间:_____					
任务名称:态势语言训练					
评价内容与评价指标	不足之处	评价等级	评价主体			备注
			自评	互评	师评	
讲故事《狐假虎威》,身姿、手势、表情、眼神,能准确鲜明、自然形象地表达文本的思想感情,渲染气氛,增强表达效果		优				
		良				
		中				
		差				
总结					

反思总结

表 2-2-1-2 任务学习过程总结表

班级:_____ 姓名:_____ 学号:_____ 完成时间:_____		
任务名称:态势语言训练		
类别	索引	学生总结、要点记录
知识点	一	
	二	
技能点	一	
存在的问题记录		
反思总结		

项目三　诵读基础及技巧训练

任务 2-3-1　停连与重音的表达

任务描述

学习停连、重音表达技巧,通过诵读句段,分清停连、重音的位置并能在具体语境中灵活运用。

知识技能点

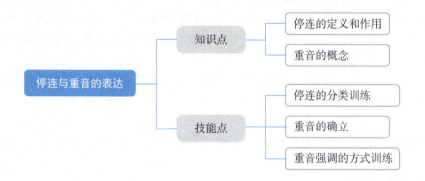

理论精粹

知识点一:停连的定义和作用

停连就是停顿和连接,是有声语言的标点符号,指说话时正确处理语流的"中断"与"连接"的分寸比例,给行进中的语音以必要间歇的技巧。它的主要作用是体现语言层次的清晰度,使语言的链条井然有序,语意的表达清晰明了。

知识点二:重音的概念

重音是传情达意的鲜明标志。对于一句话中重要的、应该强调的词,借助声音的轻重和线条的起伏来分清词语之间的主次,为准确表情达意铺平道路。

实践精粹

技能点一：停连的分类训练

停连是诵读者生理上换气的需要，更是表达作品思想内容和听众感受情绪的需要。必须以思想感情的运动状态为前提，根据作品的内容和语句的目的安排停连，不可毫无根据地随意停连。生理上换气的需要，必须服从于心理状态的需要，不能破坏语意的完整。

一般来说句子越长、内容越丰富，停顿就越多；句子越短、内容越浅显，停顿就越少。表现感情凝重深沉的作品时，停多连少；表现感情欢快急切的作品时，连多停少。停顿的时间长，表示停顿前后词语的组合关系较松动；停顿的时间短，则表示停顿前后词语的组合关系较紧密。

诵读中停连并不一定根据标点符号，而应根据诵读时的语意、语气来处理。如用带有迟疑的口吻说"我可能来不了"，可以在"我"之后安排一个停顿，表示吞吞吐吐或担心直接说出来让对方不高兴。诵读时，如果完全按照标点来停顿，不但显得机械、呆板，还会使诵读的内容松散，影响语意和思想感情的表达，失去有声语言的活力。所以，有标点的地方可能会连接起来，没有标点的地方也可能安排停顿，打破标点符号的限制，因此，停连是诵读时特殊的"标点符号"。

恰当的停连可以控制语速，强调语句的节奏，像音乐中的休止符，达到声断情连，无声胜有声的效果。可以表现激动、哽咽、气喘吁吁、口吃等，如："她已经吓得发了慌，转身对丈夫说：'我……/我……/我把思节夫人的项链丢了。'他惊慌失措地站起来：'什么！……/怎么！……/这不可能！'"这里的停顿能恰如其分地表现人物恐惧惊慌的心情和生理反应。

停连同时也是为满足听众生理和心理需要的一种艺术手段。停连，是诵读者思想感情的继续和延伸，绝不是思想感情的中断和空白。

1. 停连与标点符号的关系

一般来讲，常用的标点符号停顿时间大致是：句号＞问号＞叹号＞分号＞冒号＞逗号＞顿号。

2. 不同性质的停连

（1）语法停连。

语法停连指依据句子的语法关系而采用的停顿，包括句际停顿与句内停顿。句际停顿包括完全句之间的停顿和分句间的停顿，一般情况下前者停顿的时间较长，后者较短。句内停顿是单句句子成分之间的停顿，用于区分句子中的不同成分，帮助读者或听者理解句子的意思，通常有主语和谓语之间的停顿、谓语和宾语之间的停顿、定语和中心词之间的停顿、状语和中心词之间的停顿、补语和中心词之间的停顿、修饰语前后停顿等。

啊，在我仰起脸/看阿妈的时候，我突然看见，美丽的月亮/牵着那些/闪闪烁烁的小星星，好像/也在天上走着，走着……

（2）强调停连（感情停连）。

强调停连是句子中特殊的间歇与连接，是为了突出强调某一事物，突出某个语意或某种情感，或为了加强语气而作的停连。它的特点是声断而情不断，即声断情连。

桑娜一惊，从椅子上站起来。"不，没有人！天啊，我为什么要这样做？……如今叫我怎么对他说呢?"桑娜沉思着,久久地坐在床前。

(3)生理停连。

诵读者根据气息需要,在不影响语义完整的地方作一个短暂的停歇。要注意,生理停连不要妨碍语意表达,不能割裂语法结构。

他微微地睁开眼睛,看见我端着的鱼汤,头一句话就说:"小梁,别浪费东西了。我……我不行啦。你们吃吧!还有二十多里路,吃完了,一定要走出去!"

"老班长,你吃啊!我抬也要把你抬出去!"我几乎要哭出来了。

 实训

1. 综合运用停连朗读下面的段落。

　　我们在漆黑如墨的河上/又划了很久。一个个峡谷和悬崖,迎面驶来,又向后/移去,仿佛消失/在茫茫的远方,而火光/却依然停在前头,闪闪发亮,令人神往——依然/是这么近,又依然/是那么远……

(节选自[俄]柯罗连科《火光》)

朗读示范

2. 以小组为单位进行训练并谈谈你对停连的理解。

　　学习记录

_____
_____

技能点二:重音的确立

斯坦尼斯拉夫斯基说,重音就像是食指,指出一个句子或一个语节中最重要的字眼。被打上重音的那个字包含着潜台词的灵魂、内在实质和主要因素。

确定重音要始终遵循少而精的原则,切忌重音过多。重音在语句中的位置没有固定格式,只有从诵读的目的、愿望出发,在深刻理解和感受作品内容的基础上,才能准确地确定重音的位置。确定重音的依据如下——

1. 升级传达新信息的词语应确定为重音

当句子中的重音设置与信息的新颖度一致时,有利于句子的理解,若新信息不被重读,听话人会觉得不自然。这种口语表达规律即传达新信息的词语应确定为重音。如:

天空变成了浅蓝色,很浅很浅的,转眼间天边出现了一道红霞,慢慢儿扩大了它的范围,加强了它的光亮。我知道太阳要从那天际升起来了,便目不转睛地望着那里。(巴金《海上的日出》)

2. 升级强调话语目的的中心词应确定为重音

这类词是指那些在语句中占主导地位,能够反映语句本质意义的词语。它可以是突出事物性质、特点的词语,也可以是表示判断的词语。

以"他是我们的班长"这句话为例:

问:他在班里做什么工作?

——他是我们的班长。

问:谁是你们的班长?

——他是我们的班长。
问:他是哪个班的班长?
——他是我们的班长。

这就是在具体语言环境中话语重音转移的情况。语句在什么地方该用重音并没有特定的规律,而是受说话的环境、内容和感情支配的。同一句话,强调重音不同,表达的意思也往往不同。

3. 体现语句间逻辑关系的对应词应确定为重音

(1) 并列性重音。

这类重音意在显示语意中的某些差异,这些差异往往是句意的重心所在,必须加以强调。这类重音是并列性的,具有对比作用。如:

耳朵里有不可捉摸的声响,极远的又是极近的,极洪大的又是极细切的,像春蚕在咀嚼桑叶,像野马在平原上奔驰,像山泉在呜咽,像波涛在澎湃。(陆定一《老山界》)

这里的"远"和"近"、"洪大"和"细切"具有强烈的对比性,"春蚕""野马""山泉"和"波涛"都是并列的比喻性的词语,应该读成重音。

凡句子中列举的同类词语,也应该读重音,如:

柳树、杏树、梨树,你不让我,我不让你,都开满了花赶趟儿。(朱自清《春》)

(2) 呼应性重音。

呼应关系反映的是上下文同一事物的前后联系,显示上下文之间相互呼应关系的对应词宜确定为呼应性重音。呼应性重音可以使语句主次分明,目的显露,同时起到解悬念的作用。如:

用什么来表达自己的心意呢?战士们又有什么呢,他们只有一双结着硬茧的手,一颗赤诚的心。(魏巍《依依惜别的深情》)

(3) 递进性重音。

不少作品,从内容上看是层层发展的,句子之间的关系是递进的。体现递进关系的对应词可以确定为递进性重音。

这是勇敢的海燕,在怒吼的大海上,在闪电中间,高傲地飞翔;这是胜利的预言家在叫喊:——让暴风雨来得更猛烈些吧!(高尔基《海燕》)

(4) 转折性重音。

有些语段的语句之间,表达的思想内容和感情发生了转折变化,这种情况往往要用转折性重音。如:

是的,胜利来了,可是人们所盼望的经过流血争取的独立自由和平民主的生活又要为蒋介石和美帝国主义所破坏。(方纪《挥手之间》)

这句话表达的重心在后面,但后面的句子太长,不可能全都重读。如果重读"可是",会使听者注意后面的内容,句意能够得到强调。

(5) 修辞性重音。

重读语句中的比喻性词语(喻体),可以使被比喻的事物生动形象,加深对所描写事物或阐明道理的理解。但要注意,有比喻词的比喻句,一般不要去重读比喻词"像""好像""仿佛"等。如:

你看,你看,满树盛开的小花,那是我们的笑脸,感谢你时时把我们挂牵。(滕毓旭《窗前一株紫丁香》)

重读"笑脸""挂牵",形象的画面体现出学生发自内心的、对老师的体贴和深厚的情谊。

4. 感情重音

由于感情表达的需要,对语句中某些词或词组的感情色彩加以强调,使自己心中蕴藏的激情一吐为快,这就是感情重音。如曲庆玮《我骄傲,我属于中国》这首诗的最后一节:

不!我就是我

是我

我是一个

血肉之躯的我啊

我骄傲

我的信仰

我的爱情

我的一切一切

都属于我的母亲

——中国

全诗充满了对祖国执着的爱,而这种爱喷薄而出,不断撞击着诵读者的心,在诵读"母亲""中国"二字时给予加重、突出,使它成为全诗的最强音,更好地表达诗中所蕴含的浓烈的激情,更鲜明地呈现作品的思想感情,使诵读者和听者产生共鸣。

> **实训**
>
> 请你用不同的重音读以下这句话,并在前面加上一两句话补充情境。
>
> 例如:没有人知道你会唱歌,我知道你会唱歌。
>
> _____我知道你会唱歌。
>
> _____我知道你会唱歌。
>
> _____我知道你会唱歌。
>
> _____我知道你会唱歌。

技能点三:重音强调的方式训练

重音强调的方式要能准确表达这个词反映的形、音、义。形指词的视觉形象,音指词的听觉形象,义指词的内在含义。比如:"唰啦,从树丛中窜出一只金钱豹",重音落在"唰啦"上,描摹一瞬而过、强疾的声音。"细碎的脚步,脉脉含情的眼神,结合长线条的舞姿,构成一幅流动的画卷",重音落在"细碎""脉脉含情""长""流动"等形容词上,展现出句子的视觉形象。"这些海鸭呀,享受不了生活的战斗的欢乐,轰隆隆的雷声就把它们吓坏了",重音落在"这些""吓坏"上,言语中体现出对懦弱者的嘲讽,体现作品的感情态度。

重音强调有以下四种方式:

1. 音强突出

音强突出是指通过重读或轻读某些音节强调和突出。

实训

以小组为单位找出重音。

可怜的小女孩!她又冷又饿,哆哆嗦嗦地向前走。雪花落在她金黄的长头发上,那头发打成卷披在肩上,看上去很美丽,不过她没注意这些。每个窗子里都透出灯光来,街上飘着一股烤鹅的香味,因为这是大年夜——她可忘不了这个。

(节选自安徒生《卖火柴的小女孩》)

学习记录

2. 音色突出

指运用实声、虚声、柔声、钢声、涩音、滑音、颤音、泣声等强调和突出。

 实训

小组讨论,谈谈如何读好"痛苦"这个重音。

我是贫困,
我是悲哀。
我是你祖祖辈辈
痛苦的希望啊,
是"飞天"袖间
千百年来未落到地面的花朵,
祖国啊!

(节选自舒婷《祖国啊,我亲爱的祖国》)

学习记录

3. 音调突出

指运用高音或低音、拐音等强调和突出。

 实训

小组讨论,找出重音并有感情地诵读,谈谈如何运用音调突出重音。

我的母语是热血一般的黄河的波涛
我的母语是群星一般的祖先的名字

我的母语是春蚕口中吐出的丝绸古道
我的母语是春鸟舌尖跳动的民歌中国

(节选自任卫新《我有祖国,我有母语》)

学习记录

_____

_____

4. 音值突出

指运用某些音节的拖音、顿音等强调和突出。

1. 小组讨论,谈谈如何读好"梦"这个重音。

那榆荫下的一潭,
不是清泉,是天上虹;
揉碎在浮藻间,
沉淀着彩虹似的梦。

(节选自徐志摩《再别康桥》)

2. 以下这句话的重音可以在"高""深"这几个词吗?为什么?

山不在高,有仙则名;水不在深,有龙则灵。

(节选自〔唐〕刘禹锡《陋室铭》)

3. 请综合运用重音生动地诵读,体现故事情节的紧张感。

小英雄雨来

雨来刚到堂屋,见十几把雪亮的刺刀从前门进来。他撒腿就往后院跑,背后咔啦一声枪栓响,有人大声叫道:"站住!"雨来没理他,脚下像踩着风,一直朝后院跑去。只听见子弹向他头上嗖嗖地飞来。可是后院没有门,把雨来急出一身冷汗。靠墙有一棵桃树,雨来抱着树就往上爬。鬼子已经追到树底下,伸手抓住雨来的脚,往下一拉,雨来就摔在地下。

(节选自管桦《小英雄雨来》)

学习记录

_____

_____

同诵读的断和连、快和慢一样,轻和重是相对而言的。我们在处理诵读中的重音时,往往会忽视非重音的表达。如果非重音读得不够明朗,不够清晰,反而会使重音的表达显得突兀和生硬。如:

"我的孩子们,这是我最后一次给你们上课了。柏林已经来了命令,阿尔萨斯和洛林的学

校只许教德语了。新老师明天就到。今天是你们最后一堂法语课,我恳求你们多多用心学习。"(节选自[法]都德《最后一课》)

朗读这段话,除了应该重读"最后一次""法语"外,还要把次要重音"德语""新老师""明天"读好。即使在非重音的词语中,如"柏林""命令"等仍应读得稍稍重一些,其他词语也需要读得清晰、明确,并注意控制朗读的停顿和快慢。只有这样处理,全句朗读才显得自然、和谐。

在一篇文章中,往往要综合利用重音,可以弱中见强,低中见高,快中见慢,实中见虚,连中见停或反之,使诵读富有变化,更加具有表现力。

扫码阅读

任务考核

有感情地诵读舒婷《祖国啊,我亲爱的祖国》,注意停连与重音。

任务评价

表 2-3-1-1 任务完成评价表

班级:_____	姓名:_____	学号:_____	完成时间:_____			
任务名称:停连与重音的表达						
评价内容与评价指标	不足之处	评价等级	评价主体			
			自评	互评	师评	备注
有感情地诵读诗歌《祖国啊,我亲爱的祖国》,停连与重音准确、鲜明、恰当		优				
		良				
		中				
		差				
总结						

反思总结

表 2-3-1-2 任务学习过程总结表

班级:_____	姓名:_____	学号:_____	完成时间:_____
任务名称:停连与重音的表达			
类别	索引	学生总结、要点记录	
知识点	一		
	二		
技能点	一		
	二		
	三		
存在的问题记录			
反思总结			

任务 2-3-2 语气与语调的表达

📋 任务描述

学习语气语调的表达技巧,能在句段诵读中准确判断语气语调并在具体语境中灵活运用。

🔍 知识技能点

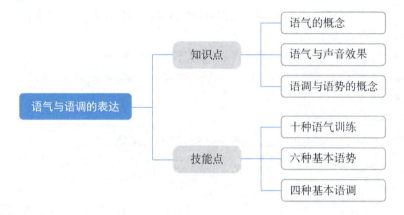

📚 理论精粹

知识点一:语气的概念

语气是思想感情的具体外化,它指的是诵读时思想感情运动状态下支配语句的声音形式。"语"是指通过声音表现出来的语句,"气"是指诵读时支撑有声语言的气息状态。它是"神"和"形"的结合体。

丰富的情感体现为千回百转的语气。例如:语气词"啊",它表示迟疑、坚定、悲哀、兴奋、轻松、沉重、淡漠、热情、向往、失望及愤恨。

知识点二:语气与声音效果

在口头语言里,诵读者将句式、语调、理性、词采、音色、立场、态度、个性、情感等融于语气中,直接诉诸听众的听觉,而后又通过听者的想象,触动思维引发画面感,因而它对口语表达的效果能产生立竿见影的影响。语气强弱、长短、清浊、粗细、宽窄、卑亢等变化,均能产生不同的声音效果。

语气有具体感情色彩,包括喜、怒、哀、乐、爱、恶、惧等十种。

知识点三:语调与语势的概念

句调就是句子的语调,它指的是诵读时语句声音的高低升降的变化。语调是语气的载体,语气借助语调来表现。

语句的情感色彩、分量和语意的运动状态最终形成语气的声音走势,称为语势。它包括声音强弱、高低、长短,气息深浅、多少、快慢,口腔状态松紧、开闭,口位前后的综合变化态势,由语调的曲折性规律造成。

实践精粹

技能点一:十种语气训练

在诵读中,声音受气息支配,气息由感情决定,而感情的引发又受诵读目的和语境的制约,它们是相辅相成、互相制约的。以情运气、以气托声、以声传情的技巧,将情、气、声三者融为一体,若能被合理地运用,就能增强有声语言的表现力。

总的感情色彩体现在诵读的基调中,而具体的感情色彩则体现在语气中。

1. "爱"——"气徐声柔"

给人以温和感,发音器官宽松,用声自如,气息深长,出语轻软。

木地板满意地舒展着身子,躺在阳台上,阳光照在身上,暖洋洋的,舒服极了。它觉得自己又变成了一棵树。

2. "疑"——"气细声黏"

发音器官欲松还紧,气息欲连还断,吐字夸张,给人踌躇感。

"爸爸,什么是千人糕?"孩子好奇地问。孩子想:这糕要很多很多人才能做成,一定特别大,也许比桌子还大吧?

3. "喜"——"气满声高"

发音器官松弛,似千里轻舟,气息顺畅,激情洋溢,给人以兴奋感。

松鼠一把抓住风筝的线一看,也乐坏了。风筝上挂着一个草莓,风筝的翅膀上写着:"祝你幸福!"纸船和风筝让他们俩成了好朋友。

4. "惧"——"气提声凝"

发音器官迟钝,气息似积存于胸,出气强弱不匀像冰封,出语不顺像倒流,给人以"衰竭感"。

"救命啊!救命啊!"红头拼命地叫起来。"你在哪儿?"青头急忙问。"我被牛吃了……正在它的嘴里……救命啊!救命啊!"

5. "冷"——"气少声单"

发音器官松,气息微弱,给人以冷寂感。

"哼,我就知道他不会来,懦弱。"他从鼻子里哼了一声,走了。

6. "急"——"气短声促"

吐字弹射有力,气息急迫如穿梭,出语间隙停顿短暂,给人催逼感。

他登上一座大山,搭上神箭,拉开神弓,对准天上的一个太阳,嗖地就是一箭。那个太阳一下子爆裂开,一团团火球到处乱窜,接着,噗噗地掉在地上。

7. "怒"——"气粗声重"

发音器官力度加大,气息纵放不收,语势迅猛不可遏制,给人以震动感。

"住嘴!"铁罐恼怒了,"你怎么敢和我相提并论!你等着吧,要不了几天,你就会破成碎片,我却永远在这里,什么也不怕。"

8. "悲"——"气沉声缓"

发音器官欲紧又松,气息于先,出声于后。郁闷沉静,欲言又止,给人迟滞感。

小女孩眼里噙满泪水,抬头看看父亲说:"爸爸,这个盒子不是空的。我把我的吻放在里面了,都是给您的,爸爸。"

9. "恨"——"气足声硬"

发音器官紧,气猛而多阻塞,似忍无可忍,咬牙切齿,给人以挤压感。

鼻子瞥了嘴一眼:"如果我不闻食物,你能吃到山珍海味吗?我们在一起就是吵,还不如分开!"

10. "欲"——"气多声放"

发音器官积极敞开,气息力求顺达,似不竭之江流,给人以伸张感。

风儿吹动树叶"沙沙,沙沙!"那回忆多么美好,又那么遥远……啊!苍苍茫茫的原始森林,我们祖先的摇篮!

技能点二:六种基本语势

1. 平行

语句中抑扬变化不明显,语句的头与尾比较平直,语流的运行状态基本平直舒缓。平淡、沉着、迟疑等语气多用这种语调,也用于动作的持续。

例:在学生们的印象里,袁老师永远黑黑瘦瘦,穿一件软塌塌的衬衣。

2. 上山

语句的句头较低,语流从头至尾呈现出上扬趋势,盘旋而上,句尾最高。语流的运行状态由低向高升起,句尾音强而且向上扬起。疑问、反诘、号召、高兴、惊讶、激动等语气多用这种语调。

例:百川东到海,何时复西归?

3. 下山

语句的句头较高,语流从头至尾呈现出下降趋势,顺势而下,句尾最低。语流的运行状态由高向低降落,句尾音强而短促。坚定、沉重、命令、恳求等语气多用这种语调。

例:他寂然地倒下去,没有一个人曾看见他倒下去,他倒在那直到最后一刻,都深深地爱着的土地上。

4. 波峰

语流的走势由低到高再到低,句腹处于句子的最高处(即谷峰)。语流呈现出波峰状。

例:他们的呐喊如同一阵阵惊雷,激荡着这昏睡的土地。("惊雷"为波峰,即最高处)

5. 波谷

语句的句头、句尾较高,句腰较低,语流类似水波状,中间部分是表达的重点,用弱控制表达,与首尾相比较为降抑,语流呈现出波谷状。

例:当我们重登凉亭时,这处的蝙蝠山已在夜色中化为剪影,好像就要展翅扑来。("剪影"为波谷,即最低处)

6. 曲折

一句话中有连续的波谷和波峰的语势变化。语流的运行状态呈起伏曲折形,或由高而低再扬起,或由低向高再降下,或更多曲折,起落部分声音强度较大。反语、讽刺、幽默、怀疑、惊讶、双关等语气多用这种语调。

例：狐狸走近乌鸦，用温柔的声音说："噢，亲爱的乌鸦，你真是个天生的歌手！"

 实训

1. 综合运用语气语调诵读古诗。

枫桥夜泊
〔唐〕张继

月落乌啼霜满天，江枫渔火对愁眠。
姑苏城外寒山寺，夜半钟声到客船。

以小组为单位进行训练并谈谈你如何处理这首古诗的语气语调。

2. 综合运用丰富的语气语调，有感情地诵读余光中的《乡愁》。

学习记录

技能点三：四种基本语调

在汉语中，字有字调，句有句调。通常称字调为声调，是指音节的高低升降。句调则称为语调，是指语句的高低升降。语调是有声语言所特有的，它是句子的语音标志，任何句子都带有一定的语调。

语调是有声语言特有的表义手段，它是口语中表达各种语气的声音色彩。萧伯纳指出，"文学艺术，不管它在语法上如何精确，也不能把语调表达出来，因为说一个'是'字有五十种方法，说一个'不是'有五百种方法，可是写下来的只有一个字"。萧伯纳这种略带夸张的说法道出了口语表达中作为特殊表现手段的语调的重要性，也道出了它的复杂性。

一个小小的"啊"字，可以在句子中表现多种不同的语气。

A："你去吧。" B："啊？"（惊讶）
A："我走了。" B："啊。"（失望）
A："我在楼下等你。" B："啊！"（高兴）
A："啊，我一定要亲手抓住你！"（坚定）

可见，口语中的语调是细致而复杂的，它可以表达各种丰富的感情。

1. 基本语调

语调是千变万化的，但它的基本类型只有以下四种：

（1）平调。

平调的调头、调中、调尾基本保持在同一语音高度上，无明显的高低变化，表示平稳的情绪，多用于叙述、说明或日常生活中平静的对话。语势平稳舒缓，用于不带特殊感情的陈述和说明，还可表示庄严、悲痛、冷淡等感情。如：

从前，有个老头儿住在蔚蓝的大海边，打鱼晒网，日子一天天过去。

(2) 升调。

升语调的调尾略往上扬,由低逐渐升高,常用于表示情绪激动、表达疑问、反问、惊讶、命令、呼唤、号召的句子。

我真不懂你们干了些什么?

昨晚你喝醉了没有?

你老实告诉我!

(3) 降调。

降调通常用于表示陈述语气、感叹语气和感情平稳的祈使语气,降调的调头或调中高于调尾。前高后低,语势渐降,表示肯定、坚决、赞美、祝福等感情。如:

哦,好一派迷人的秋色啊!

这真是一个激发人们思古幽情的所在!

(4) 曲调。

曲调由升调和降调混合组成,一般有升降调和降升调两种,常用于表示某种复杂的情感,如表示讽刺、惊奇、夸张、委婉的句子常用曲语调。如:

来开会的人可"多"啦! ——讽刺,升降调

是我的错,你没"错"! ——反语,降升调

在有搭头话的句子中,曲语调往往表现在搭头词上。如:

你呀你,怎么不早说。

曲语调表现在"你呀"。全句语调弯曲,或先升后降,或先降后升,往往把句中需要突出的词语拖长着念,这种句调常用来表示讽刺、厌恶、反语、意在言外等语气。

2. 语调的多变性及其表达的灵活性

从表达的角度看,语调具有语气、口气表达功能,语调在口语交际中常用来表现说话人的情感和态度。同一个句子用不同的语调,有不同的表情和表态效果。如:

升:他走啦! ——表示惊异

降:他走啦! ——表示感叹

曲:他走啦! ——表示意外

语调作为认知手段,是说通过语调可以认知说话人的情感、态度等。一个人说话时的语调能表露说话人的个性特征和心理状态。

上面谈到的语调的基本类型只是反映了诵读时各种语气的基本趋势,在表现较为复杂的思想感情的长句或一段文字中,要求说话人根据语意和不同的思想感情,具体而灵活地采用不同的语调加以表现,决不能囿于上述四种基本类型而简单化绝对化地处理。

朗读中语调的表现应介于生活语言和表演语言之间,没有起伏变化成为平淡生活语言,起伏变化过大同样也会失去自然和真实,这是需要靠朗读者在朗读练习中认真领会和切实把握的。

任务考核

有感情地诵读叶挺同志的《囚歌》,注意句调的处理。

为人进出的门紧锁着,(→平调)(冷眼相看)

为狗爬出的洞敞开着,(→平调)

一个声音高叫着:(↗曲调)(嘲讽)

——爬出来吧，给你自由！（↘曲调）（诱惑）
我渴望自由，（→平调）（庄严）
但我深深地知道——（→平调）
人的身躯怎能从狗洞子里爬出！（↑升调）（蔑视、愤慨、反击）
我希望有一天（→平调）
地下的烈火，（稍向上扬）（语意未完）
将我连这活棺材一齐烧掉，（↓降调）（毫不犹豫）
我应该在烈火与热血中得到永生！（↓降调）（沉着、坚毅、充满自信）

任务评价

表 2-3-2-1 任务完成评价表

班级：_____ 姓名：_____ 学号：_____ 完成时间：_____					
任务名称：语气与语调的表达					
评价内容与评价指标	不足之处	评价等级	评价主体			备注
^	^	^	自评	互评	师评	^
有感情地诵读叶挺同志的《囚歌》，语调准确，语气浓淡相宜，情绪根据文本的脉络有推进，情感充沛		优				
^	^	良				
^	^	中				
^	^	差				
总结					

反思总结

表 2-3-2-2 任务学习过程总结表

班级：_____ 姓名：_____ 学号：_____ 完成时间：_____		
任务名称：语气与语调的表达		
类别	索引	学生总结、要点记录
知识点	一	
^	二	
^	三	
技能点	一	
^	二	
^	三	
存在的问题记录		
反思总结		

任务 2-3-3　节奏的转换

任务描述

学习节奏的转换技巧,能在诵读中确定适宜的节奏,并在具体语境中灵活运用。

知识技能点

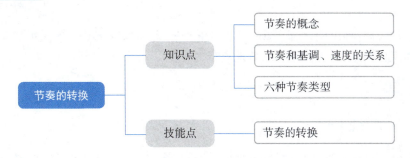

理论精粹

知识点一:节奏的概念

节奏是指声音形式的回环往复,在行进中有声语言在停顿的调节下所产生的快与慢、强与弱、长与短、高与低的变化对比。节奏是随诵读时思想感情的运动产生的,它立足于作品的全篇和整体的轻、重、缓、急、抑、扬、顿、挫。

知识点二:节奏和基调、速度的关系

基调是指作品的基本情调,即作品总的感情色彩和分量,它体现作品的态度和感情。作品的基调是一种整体感,节奏只是表达作品的一种技巧,基调决定了诵读的整体节奏。

语速表现在语句中音节的长短上,是构成节奏的主要内容,但节奏并不完全等同于速度,节奏是就整篇作品而言的,速度指诵读句子的快慢。语速的快慢直接影响节奏的形成。诵读中三者相互影响,共同作用于作品的情感表达。

知识点三:六种节奏类型

1. 轻快型

轻快型节奏是一种语调多扬抑、咬字多轻少重的节奏。它以轻巧明丽为特点,语流中顿挫较少,时间短暂,让人感到轻松愉快,如朱自清的《春》。

2. 高亢型

高亢型节奏的特点是语调高扬,声音响亮,语句连贯,语流畅达。这种节奏一般声音偏高,起伏较大,语气昂扬,语势多上行。高亢型节奏适合用于鼓动性强的演说、叙述重大的事件、宣

传重要决定及使人激动的事,有较强的鼓动性、激励性,如茅盾的《白杨礼赞》。

3. 紧张型

紧张型节奏是一种语调多扬抑、咬字多重少轻、语气强而短促、语流速度较快的节奏。在这种节奏下,人们往往会感到紧张、焦虑。在紧张的场景描述中常见,如《孙悟空三打白骨精》。

4. 舒缓型

舒缓型节奏带来稳重、舒展的感受,声音不高也不低,语流从容,既不急促,也不大起大伏,是一种稳定、缓慢、敞亮的表达,给人以心旷神怡的感觉,如峻青的《秋色赋》。

5. 低沉型

低沉型节奏是一种语调压抑、停顿多而长的节奏,音色偏暗偏沉,语流沉缓。这种节奏通常用于营造低沉、庄重的气氛,或叙述带有悲剧色彩的事件,达到低缓、沉闷、声音偏暗的效果,如《十里长街送总理》。

6. 凝重型

凝重型节奏是一种语调多抑少扬、咬字多重少轻、语句多停少连、语流平稳凝重的节奏。重音多,以体现分量感,传递深意,如《草地夜行》。

实践精粹

技能点一:节奏的转换

节奏的转换应遵循"欲扬先抑,欲抑先扬,欲快先慢,欲慢先快,欲强先弱,欲弱先强"的转换原则,有渐转和突转两种方式。

实训

(1)快慢相间的渐转。

天上风筝渐渐多了,地上孩子也多了。城里乡下,家家户户,老老小小,也赶趟儿似的,一个个都出来了。舒活舒活筋骨,抖擞抖擞精神,各做各的一份儿事去。"一年之计在于春",刚起头儿,有的是工夫,有的是希望。

小组讨论,谈谈本段是如何从舒缓到渐快再回到舒缓的。

(2)逐渐增强的渐转。

因为岛屿挡住了它的转动,它狠狠地用脚踢着,用手推着,用牙咬着。它一刻比一刻兴奋,一刻比一刻用劲。岩石也仿佛渐渐战栗,发出抵抗的嗥叫,击碎了海的鳞甲,片片飞散。

小组讨论,谈谈本段是如何从语调、咬字力度上渐转的。

(3)由强到弱的突转。

这时,那位灰白头发的战时后备役老兵挺了挺身板,开口了。"小姐,"他说,"当我告诉你们这位可怜的夫人就是我的妻子时,你们大概不会再笑了。我们刚刚失去了三个儿子,他们是在战争中死去的。现在轮到我上前线了。走之前,我总得把他们的母亲送进疯人院啊!"

车厢里一片寂静,静得可怕。

小组讨论,谈谈本段是如何从停顿、语调上进行突转的。

学习记录

_____

_____

任务考核

有感情地讲述这个故事,注意节奏的转换。

一件棉袄的故事

1935 年,红四方面军西渡嘉陵江开始长征。一天,红四方面军总指挥徐向前在雪山上来回巡视正在爬雪山的部队。突然,他发现一位红军战士背着一口大锅,一步一喘,艰难地行进着。

这位战士没有穿棉衣,身上只披条草袋。他立即发话:"快去把连长找来!"不一会儿,九连连长跑步来到徐总指挥跟前。徐向前严厉批评道:"这个同志还披着草袋子,冻成这样儿啦,你们是怎么搞的,去把司务长找来!"

连长胆怯地报告道:"徐总指挥,他就是司务长,叫肖永正,他的棉衣临出发时脱给房东老乡穿了。""什么?他就是肖永正!"徐总指挥走到这位叫肖永正的红军战士面前,从他背上接过锅,把自己的大衣脱下来,给肖永正裹在身上……

部队下山后,徐总指挥在方面军全体干部会上,提起肖永正仍然是感动不已。他说道:"有个连队司务长,棉衣发下去了,战士们都穿上了,他却把自己的棉衣送给没有衣裳穿的房东,自己披个草袋子过雪山,背上还背着一口锅!他就是三十九团九连的司务长,叫肖永正!肖永正是个正派的粮草官。我们有这样的粮草官,还有什么困难不能克服?"

这件棉袄不只是温暖了人心,更是展现了革命先烈无私奉献的精神。作为新时代青年的我们,应该继承和发扬好这种精神,以积极的姿态投入祖国的发展与建设之中。

任务评价

表 2-3-3-1　任务完成评价表

班级:_____	姓名:_____	学号:_____		完成时间:_____	
任务名称:节奏的转换					
评价内容与评价指标	不足之处	评价等级	评价主体		
			自评	互评	师评	备注
有感情地讲述这个故事,节奏的转换点准确、自然,符合作品的情感变化		优				
		良				
		中				
		差				
总结						

反思总结

表 2-3-3-2　任务学习过程总结表

班级：＿＿＿＿　姓名：＿＿＿＿　学号：＿＿＿＿　完成时间：＿＿＿＿		
任务名称：节奏的转换		
类别	索引	学生总结、要点记录
知识点	一	
	二	
	三	
技能点	一	
存在的问题记录		
反思总结		

任务 2-3-4　诗歌的诵读

任务描述

了解并掌握古诗与现代诗歌诵读的基本要领，能准确、流畅、生动地诵读诗歌。

知识技能点

实践精粹

技能点一：古诗的诵读

1. 分好音步，掌握节拍

诗歌中的音步是韵律的基本单位，表现诗歌的节奏。音步的划分可以根据诗歌的声律节奏和语意节奏来进行。在声律节奏中，通常以两个字为一个节奏，因此称为"双音步"。如果出现单字占一节奏的情况，则称为"单音步"。除了单音步和双音步，还有三音步、四音步、五音步等。

一般来说，诗歌中按表音节奏划分多，按表意节奏划分少。四言为"22"节奏，如"蒹葭/苍苍，白露/为霜"。五言诗句一般按"212"或"221"的音节划分，如"故人/具/鸡黍，邀我/至/田家。绿树/村边/合，青山/郭外/斜"。七言有"223"，也有"2221"节奏，如"商女/不知/亡国恨，隔江/犹唱/后庭花""几处/早莺/争暖树""浅草/才能/没马蹄"。另外还有"2212"节奏和"34"式,如"春蚕/到死/丝/方尽,蜡炬/成灰/泪/始干""山重水复/疑无路,柳暗花明/又一村"。

　　古诗的节奏稳定,音步划分整齐。分好音步,掌握节拍后,可以把诗句中极其短暂的间歇和较短的拖音表现出来,使人感觉句式的变化,产生强烈的节奏感。

2. 确定语调的高低

　　古诗词平仄相映。平声字一般声调高昂而稍长,仄声字一般声调降抑而急促。在古诗词里,平仄搭配都遵循一定的规律。诵读时平声字悠扬绵长,仄声字顿挫收敛,由此形成高低升降,互为映衬,使音调铿锵、语调抑扬优美。

 实训

小组讨论,谈谈如何读出古诗的韵味。

渭 城 曲
〔唐〕王维
渭城朝雨浥轻尘,
客舍青青柳色新。
劝君更尽一杯酒,
西出阳关无故人。

学习记录
_____
_____

问题点拨

技能点二:现代诗歌的诵读

　　高尔基说:"真正的诗往往是心底的诗,心底的歌。"诗歌代诗人倾吐,诗贵乎情。它是诗人透过生活表层、专注事物本质,经过精心选择和提炼,以自己的强烈爱憎情感熔铸而成的艺术结晶。

1. 出口前,充分酝酿情感

　　在诵读前,要深切地感受所要诵读的诗歌中蕴藏的巨大能量,设身处地去体验诗人那似火一般燃烧的灵魂。

 实训

小组讨论,谈谈如何读出诗歌浓烈的情感。

有的人——纪念鲁迅有感(片段)
臧克家
有的人活着,他已经死了;
有的人死了,他还活着。

有的人

骑在人民头上：
"呵，我多伟大！"
有的人
俯下身子给人民当牛马。

有的人
把名字刻入石头，
想"不朽"；
有的人
情愿作野草，等着地下的火烧。

有的人
他活着别人就不能活；
有的人
他活着为了多数人更好地活。

学习记录
_____
_____

问题点拨

2. 出口后，强化言语节奏

朱光潜认为节奏是"传达情绪的最直接而且最有力的媒介"。诵读者通过对语句节奏的强化，充分体现诗人情感起伏，让这种起伏在听者的心里产生同步，引起共振。诵读时"情动于中而形于外"。

实训

小组诵读，谈谈第二段如何划分节奏。

延安，我把你追寻

祁念曾

像/翩翩归来的燕子，
在追寻/昔日的春光；
像/茁壮成长的小树，
在追寻/雨露和太阳。

追寻你，延河叮咚的流水，
追寻你，枣园梨花的清香。
追寻你，南泥湾开荒的镢头，
追寻你，杨家岭讲话的会场。

一排排高楼大厦/像雨后春笋,
一件件家用电器/满目琳琅;
我们永远/告别了/破旧的茅屋,
却忘不了/延安窑洞/温热的土炕。

航天飞机/探索/宇宙的奥秘,
电子计算机/奏出/美妙的交响;
我们毫不犹豫/丢掉了/老牛破车,
却不能丢掉/宝塔山/顶天立地的脊梁。

延安,你的精神/灿烂辉煌!
如果一旦/失去了你啊,
那就仿佛/没有了灵魂,
怎能向美好的未来/展翅飞翔?

啊!延安,我把你/追寻,
追寻/信念,追寻/金色的理想;
追寻/温暖,追寻/明媚的春光;
追寻/光明,追寻/火红的/太阳!

学习记录

---

3. 树立内心视像,身临诗境

在诵读时,白纸黑字的文字在内心(脑子)里产生相应的"像",仿佛历历在目。感受"诗中有画,画中有诗""诗传画外意,贵有画中态"的情境。

 实训

小组诵读,谈谈在诗中看到了什么样的画面。

白　桦

[苏联]叶赛宁

在我的窗前,有一棵白桦,
仿佛涂上银霜,披了一身雪花。

毛茸茸的枝头,雪绣的花边潇洒,
串串花穗齐绽,洁白的流苏如画。

在朦胧的寂静中,玉立着这棵白桦,
在灿灿的金晖里,闪着晶亮的雪花。

白桦四周徜徉着,姗姗来迟的朝霞,
它向白雪皑皑的树枝,又抹一层银色的光华。

学习记录

_____

_____

任务考核

有感情地诵读诗歌,配上态势语言,体现童真、童趣。

雪地里的小画家

程宏明

下雪啦,下雪啦!
雪地里来了一群小画家。
小鸡画竹叶,小狗画梅花,
小鸭画枫叶,小马画月牙。
不用颜料不用笔,
几步就成一幅画。
青蛙为什么没参加?
他在洞里睡着啦。

任务评价

表 2-3-4-1 任务完成评价表

班级:_____	姓名:_____	学号:_____	完成时间:_____			
任务名称:诗歌的诵读							
评价内容与评价指标	不足之处	评价等级	评价主体			
			自评	互评	师评	备注
有感情地诵读诗歌《雪地里的小画家》,节奏鲜明,语气语调准确,配上态势语言,体现童真、童趣		优				
		良				
		中				
		差				
总结						

反思总结

表 2-3-4-2　任务学习过程总结表

班级：＿＿＿＿ 姓名：＿＿＿＿ 学号：＿＿＿＿ 完成时间：＿＿＿＿		
任务名称：诗歌的诵读		
类别	索引	学生总结、要点记录
技能点	一	
	二	
存在的问题记录		
反思总结		

任务 2-3-5　小说、故事的诵读

任务描述

了解并掌握诵读小说与故事的基本要领，能准确、流畅、生动地诵读。

知识技能点

小说、故事的诵读 —— 技能点 —— 小说、故事的诵读要领

实践精粹

技能点：小说、故事的诵读要领

1. 言语要自然

著名美学家宗白华先生说："艺术是自然的重现，是提高的自然。"诵读就是自然地、艺术性地说话，一定要情意并重，不可偏废。只有做到情意"和谐"、情"深"意"长"，才能使有声语言充满活泼的生命力。

小说、故事的语言特性决定了只有以生活化的言语来诵读，才能做到话语自然，才能使听者相信内容是真实可信的，从而得到教益。

实训

分角色诵读，比一比谁读的旁白和角色语言最自然，能绘声绘色模拟生活，不仅注重"形似"，更注重"神似"。

在鲫鱼背前，爸爸给我和老爷爷照了一张相，留作纪念。老爷爷拉拉我的小辫子，笑

呵呵地说:"谢谢你啦,小朋友。要不是你的勇气鼓舞我,我还下不了决心哩!现在居然爬上来了!"

"不,老爷爷,我是看您也要爬天都峰,才有勇气向上爬的!我应该谢谢您!"

爸爸听了,笑着说:"你们这一老一小真有意思,都会从别人身上汲取力量!"

(节选自黄亦波《爬天都峰》)

学习记录

___

2. 情节要推进

要注意情绪的转换,在诵读前面一段时,对后一段的内容和所需的相应情绪在思想上要有准备。当转折时,必须做到先有思想与感觉,后产生言语。也就是先想到了,有了情绪再说话,避免只念字而不动心或者事后"追加"情绪的毛病。

实训

分角色诵读,要以情绪的变化推进情节。

门突然开了,一股清新的海风冲进屋子。魁梧黧黑的渔夫拖着湿淋淋的被撕破了的渔网,一边走进来,一边说:"嘿,我回来了啦,桑娜!"

"哦,是你!"桑娜站起来,不敢抬起眼睛看他。

"瞧,这样的夜晚!真可怕!"

"是啊,是啊,天气坏透了!哦,鱼打得怎么样?"

"糟糕,真糟糕!什么也没有打到,还把网给撕破了。倒霉,倒霉!天气可真厉害!我简直记不起几时有过这样的夜晚了,还谈得上什么打鱼!谢谢上天,总算活着回来啦。……我不在,你在家里做些什么呢?"

渔夫说着,把网拖进屋里,坐在炉子旁边。

(节选自[俄]列夫·托尔斯泰《穷人》)

学习记录

___

3. 环境描写要清晰

小说、故事中自然景物的描绘常常是与人物的心境和环境的气氛相一致。诵读时一定要体会人物在环境中的思想与心情,寓情于景,将听者也带入这样的氛围之中,达到触景生情的艺术效果。

分别读这两段关于还乡河的描写,谈谈这两段的诵读有何不同。

(1) 晋察冀边区的北部有一条还乡河,河里长着很多芦苇。河边有个小村庄。芦花开的时候,远远望去,黄绿的芦苇上好像盖了一层厚厚的白雪。风一吹,鹅毛般的苇絮就飘飘悠悠地飞起来,把这几十家小房屋都罩在柔软的芦花里。因此,这村就叫芦花村。十二岁的雨来就是这村的。

(2) 太阳已经落下去。蓝蓝的天上飘着的浮云像一块一块红绸子,映在还乡河上,像开了一大朵一大朵鸡冠花。苇塘的芦花被风吹起来,在上面飘飘悠悠地飞着。

(节选自管桦《小英雄雨来》)

学习记录
_____
_____

问题点拨

4. 人物要鲜明

小说和故事都是通过对人物性格、行动及人物之间的相互关系的描写表现生活的。诵读这些刻画人物的文字,要做到生动、形象、多变,充分揭示人物的风貌,体现出鲜明的个性。

(1) 描绘肖像要体现特点,如见其形。

读本段,谈谈你心中闰土的形象。

他正在厨房里,紫色的圆脸,头戴一顶小毡帽,颈上套一个明晃晃的银项圈,这可见他的父亲十分爱他,怕他死去,所以在神佛面前许下愿心,用圈子将他套住了。他见人很怕羞,只是不怕我,没有旁人的时候,便和我说话,于是不到半日,我们便熟识了。

(节选自鲁迅《故乡》)

学习记录
_____
_____
_____

(2) 描绘动作要富有动感,如睹其神。

找出描写动作的词语,在读的时候表现出扁鼻子军官的凶恶和雨来的痛苦。

扁鼻子军官的眼光立刻变得凶恶可怕,他向前弓着身子,伸出两只大手。啊!那双手就像鹰的爪子,扭着雨来的两只耳朵,向两边拉。雨来疼得直咧嘴。鬼子又抽出一只手来,在雨来的脸上打了两巴掌,又把他脸上的肉揪起一块,咬着牙拧。雨来的脸立刻变成白一块,青一块,紫一块。鬼子又向他胸脯上打了一拳。雨来打个趔趄,后退几步,后脑勺正碰在柜板上,但立刻又被抓过来,肚子撞在炕沿上。

(节选自管桦《小英雄雨来》)

学习记录

_____

_____

(3)描绘对话要声口形象,如闻其声。

角色对话要做到形神兼备,惟妙惟肖,既形似又有神韵,栩栩如生,活灵活现。

实训

小组分角色诵读,谈谈如何读好角色语言。

奉天东关模范学校的魏校长向学生们提出了一个严肃的问题:"你们为什么而读书?"

"为家父而读书。"

"为明理而读书。"

"为光耀门楣而读书。"有人干脆这样回答。

有位同学一直默默地坐在那里,若有所思。魏校长注意到了,他打手势让大家安静下来,点名让那位同学回答。那位同学站了起来,清晰而坚定地回答道:"为中华之崛起而读书!"魏校长听了为之一振!

(节选自余心言《为中华之崛起而读书》)

学习记录

_____

_____

任务考核

有感情地诵读小说《桥》,读出形象感、画面感。

桥

谈 歌

黎明的时候,雨突然大了。像泼。像倒。

山洪咆哮着,像一群受惊的野马,从山谷里狂奔而来,势不可当。

村庄惊醒了。人们翻身下床,却一脚踩进水里。是谁惊慌地喊了一嗓子,一百多号人你拥我挤地往南跑。近一米高的洪水已经在路面上跳舞了。人们又疯了似的折回来。

东面、西面没有路。只有北面有座窄窄的木桥。

死亡在洪水的狞笑声中逼近。

人们跌跌撞撞地向那木桥拥去。

木桥前,没腿深的水里,站着他们的党支部书记,那个全村人都拥戴的老汉。

老汉清瘦的脸上淌着雨水。他不说话,盯着乱哄哄的人们。他像一座山。

人们停住脚,望着老汉。

老汉沙哑地喊话:"桥窄!排成一队,不要挤!党员排在后边!"

有人喊了一声:"党员也是人。"

老汉冷冷地说:"可以退党,到我这儿报名。"

竟没人再喊。一百多人很快排成队,依次从老汉身边奔上木桥。

水渐渐蹿上来,放肆地舔着人们的腰。

老汉突然冲上前,从队伍里揪出一个小伙子,吼道:"你还算是个党员吗?排到后面去!"老汉凶得像只豹子。

小伙子瞪了老汉一眼,站到了后面。

木桥开始发抖,开始痛苦地呻吟。

水,爬上了老汉的胸膛。最后,只剩下了他和小伙子。

小伙子推了老汉一把,说:"你先走。"

老汉吼道:"少废话,快走。"他用力把小伙子推上木桥。

突然,那木桥轰的一声塌了。小伙子被洪水吞没了。

老汉似乎要喊什么,猛然间,一个浪头也吞没了他。

一片白茫茫的世界。

五天以后,洪水退了。

一个老太太,被人搀扶着,来这里祭奠。

她来祭奠两个人。

她丈夫和她儿子。

任务评价

表 2-3-5-1 任务完成评价表

班级:_____ 姓名:_____ 学号:_____ 完成时间:_____

任务名称:小说、故事的诵读					
评价内容与评价指标	不足之处	评价等级	评价主体		
^	^	^	自评	互评	师评	备注
有感情地诵读小说《桥》,言语自然,情节要有推进,读出形象感、画面感,神形兼备,让人身临其境		优				
^	^	良				
^	^	中				
^	^	差				
总结						

反思总结

表 2-3-5-2　任务学习过程总结表

班级：＿＿＿＿　姓名：＿＿＿＿　学号：＿＿＿＿　完成时间：＿＿＿＿		
任务名称：小说、故事的诵读		
类别	索引	学生总结、要点记录
技能点	一	
存在的问题记录		
反思总结		

任务 2-3-6　散文、童话、寓言的诵读

任务描述

了解并掌握诵读散文、童话、寓言的基本要领，能准确、流畅、生动地诵读。

知识技能点

实践精粹

技能点一：散文的诵读

1. 定准作品总基调

散文，形散神不散。定准了诵读的总基调，那么诵读那些"形散"的内容时，就可以使它们既有相对的独立性，又统一在一个整体之中，达到"嘈嘈切切错杂弹，大珠小珠落玉盘"的艺术效果。

小组讨论，谈谈以下两个散文片段的诵读基调。

（1）

　　故乡的梅花又开了。那朵朵冷艳、缕缕幽芳的梅花，总让我想起漂泊他乡、葬身异国的外祖父。

　　我出生在东南亚的星岛，从小和外祖父生活在一起。外祖父年轻时读了不少经、史、

诗、词,又能书善画,在星岛文坛颇负盛名。我很小的时候,外祖父常常抱着我,坐在梨花木大交椅上,一遍又一遍地教我读唐诗宋词。

(节选自陈慧瑛《梅花魂》)

(2)

白鹭是一首精巧的诗。

色素的配合,身段的大小,一切都很适宜。

白鹤太大而嫌生硬,即使如粉红的朱鹭或灰色的苍鹭,也觉得大了一些,而且太不寻常了。

然而白鹭却因为它的常见,而被人忘却了它的美。

(节选自郭沫若《白鹭》)

学习记录

_____

_____

问题点拨

2. 写意中刻画

朗诵散文作品写人叙事的部分,一般只要"点到为止",不必过实。无论是诵读作品的哪一部分,都要统一在一种风格之中。

小组诵读,谈谈散文角色的诵读与故事角色诵读的不同。

我打开一看,原来是那幅墨梅图,就说:"外公,这不是您最宝贵的画吗?"

"是啊,莺儿,你要好好保存!这梅花,是我们中国最有名的花。旁的花,大抵是春暖才开花。她却不一样,愈是寒冷,愈是风欺雪压,花开得愈精神,愈秀气。她是最有品格、最有灵魂、最有骨气的!"

(节选自陈慧瑛《梅花魂》)

学习记录

_____

_____

问题点拨

技能点二:童话、寓言的诵读

1. 大胆想象,确定角色形象

边读边想象,谈谈雪孩子是什么样的形象。

火越烧越旺。哎呀,火把旁边的柴堆烧着了!小白兔睡得正香,他一点儿也不知道。

"不好了！小白兔家着火了！"雪孩子看见从小白兔家的窗户里冒出黑烟，蹿出火星，他一边喊，一边向小白兔家奔去。"小白兔，小白兔！你在哪里？"雪孩子冲进屋里，冒着呛人的烟、烫人的火，找哇找哇，终于找到了小白兔。他连忙把小白兔抱起来，跑到屋外。小白兔得救了，雪孩子却浑身水淋淋的。

（节选自嵇鸿《雪孩子》）

学习记录

2. 渲染语气，言语更形象

借助音色变化，诵读者能使声音变为富有色彩的形象，让听众的听觉负载着文字含义，产生移觉作用，从而更清晰地"看到"所描绘的情景、形象、状貌，如临其境。"移觉"也叫"通感"。这种手法的特点是用形象的语言把人们某个感官上的感觉移植到另一个感官上，凭借感觉相通，相互映照，达到启发读者联想、体味余韵和深化诗文意境的效果。

实训

小组讨论，谈谈本段有哪些感官上的描绘。

当天色渐渐暗下来的时候，彩色的灯光就亮了起来，水手们快乐地在甲板上跳起舞来。小人鱼忍不住想起她第一次浮到海面上来的情景，想到她那时候看到的同样华丽和欢乐的场面，于是她开始跳起舞来，飞翔着，好像一只被追逐的燕子在飞翔着一样。大家都在喝彩、称赞她，她从来没有跳得那么漂亮。锋利的刀子似乎在砍她的细嫩的脚，但是她并没感觉到痛，因为她的心比这还要痛。

（节选自安徒生《海的女儿》）

学习记录

任务考核

生动地朗读童话故事。

小 蜗 牛

蜗牛一家住在小树林的旁边。

春天来了，蜗牛妈妈对小蜗牛说："孩子，到小树林里去玩吧，小树发芽了。"

小蜗牛爬呀，爬呀，好久才爬回来。它说："妈妈，小树长满了叶子，碧绿碧绿的，地上还长着许多草莓呢。"

蜗牛妈妈说:"哦,已经是夏天了!快去摘几颗草莓回来。"

小蜗牛爬呀,爬呀,好久才爬回来。它说:"妈妈,草莓没有了,地上长着蘑菇,树叶全变黄了。"

蜗牛妈妈说:"哦,已经是秋天了!快去采几个蘑菇回来。"

小蜗牛爬呀,爬呀,好久才爬回来。它说:"妈妈,蘑菇没有了,地上盖着雪,树叶全掉了。"

蜗牛妈妈说:"哦,已经是冬天了!你就待在家里过冬吧。"

(选自巴乌姆美莉《小蜗牛》)

任务评价

表 2-3-6-1 任务完成评价表

班级:_____	姓名:_____	学号:_____	完成时间:_____		
任务名称:散文、童话、寓言的诵读					
评价内容与评价指标	不足之处	评价等级	评价主体		备注
			自评	互评	师评
有感情地朗读童话《小蜗牛》,大胆想象,凸显人物性格,语气语调准确,有音色变化,惟妙惟肖		优			
		良			
		中			
		差			
总结					

反思总结

表 2-3-6-2 任务学习过程总结表

班级:_____	姓名:_____	学号:_____	完成时间:_____
任务名称:散文、童话、寓言的诵读			
类别	索引	学生总结、要点记录	
技能点	一		
	二		
存在的问题记录			
反思总结			

项目四　演讲基础及技巧训练

任务 2-4-1　演讲基础及技巧训练

习近平在印尼国会演讲赏析

任务描述
了解演讲的基本知识并能够灵活应用演讲的语言表达技巧进行演讲。

知识技能点

理论精粹

知识点一：演讲的概念

演讲又叫讲演、演说。演讲是一种对众人有计划、有目的、有主题，系统的、直接的带有艺术性的社会实践活动，是以语言为主要表达手段，借助有声语言和态势语言对某一方面的问题发表见解、说明事理、抒发感情，从而达到感召听众的一种艺术性的口语表达活动。

知识点二：演讲的特征

一场成功的、受到听众欢迎的演讲应该具有四种力：磁铁般的吸引力、令人信服的说服力、春雨般的渗透力、震撼心灵的感召力。

1. 社会性

从本质上讲，演讲是一种社会性活动，比交谈等口语传播活动的社会性更鲜明。演讲者在演讲时要做到"四真"，即真人、真事、真理、真情。

2. 整体性

演讲是由多要素构成的复杂系统。其主要要素是：演讲者、听讲者、演讲内容、演讲声音、演讲态势、演讲时境等。这些要素自成一体，又构成了演讲这个大系统中的若干子系统：演讲者和听讲者同为演讲活动的行为主体，可称为主体系统；演讲内容主要是指观点和材料，可称为内容系统；演讲声音主要包括声音的宏亮度、清晰度、节奏感和语意本身的适合性，可称为声音系统；演讲态势主要是指演讲者的姿态、手势、面部表情等，可称为态势系统；演讲时境主要包括时间、地点、气氛等，可称为时境系统。演讲能够作为一种系统存在，其所依赖的基础就是它的整体性。

3. 艺术性

演讲具有艺术性，属于以言态表达为主的精神实用艺术范畴，其艺术性主要表现在它的表达手段上，是一种手段性的艺术，要有"相声般的幽默，小说般的人物形象，戏剧般的矛盾冲突，电影般的蒙太奇手法，还要有诗朗诵般的激情"（李燕杰语）。

有两种倾向是错误的：一是把演讲误解为纯粹的艺术，演讲变成了味道十足的艺术表演，其主要表现就是朗诵化、表演化、戏剧化。二是把演讲与艺术绝对对立起来，演讲变成了平淡无味、毫无感染力的信息输送活动，其主要表现是套话连篇、腔调单调、缺乏抑扬顿挫的节奏美，演讲者表情淡漠，体势动作单一。

4. 鼓动性

演讲活动一向被喻为进行宣传教育、政治斗争的有力武器，人们通过演讲来宣传真理，统一思想，赢得支持，从而引导他人的行为。所以说，没有鼓动性，就不成为演讲。正如卡耐基所言，"生命力、活力、热情是演讲者首先需要具备的条件"，演讲者总是激情满怀，并能以自己火一般的激情去拨动听众的心弦，从而使演讲产生巨大的鼓舞，把大家的热情集中指向某一特定的方向并化成一致行动。

知识点三：演讲的类型

1. 以形式为划分标准的类型

（1）命题演讲。

由别人拟定题目或演讲范围，并经过一定时间的准备后所做的演讲。它包含两种形式：全命题演讲和半命题演讲。全命题演讲的题目一般是由演讲组织部门来确定的，如某大学组织"我的专业我的梦"主题演讲，为了让演讲者各有侧重，分别拟了《做一个有梦想的大学生》《梦想，照亮专业之路》《寻梦》三个题目，给了三个演讲者，要求以此组织材料，准备演讲。半命题演讲指演讲者根据演讲活动组织单位限定的范围，自己拟定题目进行的演讲，如一年一度的新生演讲比赛，以"青年·责任·未来"为演讲范围，具体题目自拟。

命题演讲的特点是：主题鲜明、针对性强、内容稳定、结构完整。

(2) 即兴演讲。

即兴演讲指演讲者在事先无准备的情况下就眼前场面、情境、事物、人物等临时起兴发表的演讲,如婚礼祝词、欢迎致辞、丧事悼念、聚会演讲等,它要求演讲者紧扣主题,抓住由头,迅速组合,言简意赅。

即兴演讲的特点是有感而发、时境感强、篇幅短小。

(3) 论辩演讲。

论辩演讲指由两方或两方以上的人们因对某个问题产生不同意见而展开面对面的语言交锋,其目的是坚持真理、批驳谬误、明辨是非。比如,法庭论辩、外交论辩、赛场论辩,以及每个人都曾经历过的生活论辩等。论辩演讲较之命题演讲、即兴演讲更难些,它要求演讲者必须具备严密的逻辑性、较强的应变性。

论辩演讲的突出特点是针锋相对,短兵相接。

2. 以风格为划分标准的类型

(1) 幽默型:特点是内容有趣而又意味深长,语言生动形象,表达带有一定程度的戏剧性,演讲者手势动作轻捷灵活,面部表情富有喜剧色彩。它往往能很好地活跃气氛,增进演讲者与听众之间的友好感情。

(2) 激昂型:特点是内容具有时代感,富有鼓舞性。演讲者多用短语,言辞犀利,音域宽广,音色响亮,手势幅度较大,给人以奋发向上、朝气蓬勃的振奋感觉。赛场主旋律演讲常常采用这种风格。

(3) 深沉型:特点是内涵丰富,给人启迪,语气低沉,节奏比较缓慢。演讲者态势语多用眼神和面部表情,少用手势体态动作。纪念性的演讲常采用这种演讲风格。

(4) 严谨型:特点是逻辑性强,用词谨慎、准确,多采用重音、反复等手法来对某些重要内容加以强调。演讲者态势语言用得不多,站立姿势和位置保持相对稳定。在一些隆重的场合中,常常可见到这种严谨的演讲风格。

(5) 随和型:特点是"以理服人,以情感人",音色自然朴实,语气循循善诱,亲切委婉,演讲者表情轻松随和,动作近于平时习惯,毫无矫揉造作之感。常常用于说服性演讲的场合。

知识点四:撰写演讲稿的技巧

撰写演讲稿,要"响开头,曲主体,蓄结尾",形成平衡的演讲组织结构。

(1) 拟定题目。题目不仅与演讲的形式有关,更主要的是与演讲的内容、风格、情调有直接关系。一个新颖、生动、恰当而富有吸引力的题目,不仅能在演讲前给人急于一听的强烈愿望,而且在演讲结束之后,同其内容一样,能给人留下长久的记忆。

(2) 设计开场白。例如:"《秋浦歌》中的那句'白发三千丈',让我们感叹岁月的沧桑;而杜甫的'安得广厦千万间,大庇天下寒士俱欢颜',则让我们对未来充满期待。诗歌是灵魂的歌唱,是心灵的交流,它能唤起我们内心最深处的情感和思考。今天,让我们用诗歌的力量,一起探讨……"

(3) 概述要点,提升观众兴趣。可以利用"一二三"原理,如一个要点,如果要进行总结,尽可能总结成三点。听众会觉得你是一个非常有理性、有系统、有思维框架的人。

(4) 论据新颖,以举例、比喻、引用、借助数据、趣闻轶事等进行论证。例如:"生活就像一本书,每一页都写满了各种经历和故事,我们需要用心去阅读和体会。""人生就像一场旅行,充满了各种风景和挑战,我们需要勇敢地面对和迎接。""成功就像登山,需要不断攀登和克服困难,最终才能登上顶峰。"

(5) 起承转合,顺理成章,不露痕迹。在一场演讲中,起承转合是指演讲内容的组织结构。它们分别代表了演讲的不同阶段和目标。

起,即演讲的开头,用来吸引听众的注意力,引出演讲的主题,并提出问题。起部可以通过讲述一个引人入胜的故事、一个有趣的事实或者一个令人深思的问题来吸引听众的兴趣和好奇心。

承,即承部,是演讲的主体部分,是对主题进行深入阐述和论证的阶段。在这部分中,演讲者会提出自己的论点和论据,展开对主题的分析和解释,并通过举例、比喻、列数字等方式来支撑自己的观点。承部的目标是向听众传递信息、增加他们对主题的理解和认同。

转,即转部,是从承部过渡到合部的阶段,用来引导听众进入下一个内容点或主题。在转部,演讲者可以通过总结前面的内容,提出新的问题或引用相关的引言来引起听众的兴趣和思考。转部的目标是平稳过渡,使听众保持对演讲的关注和参与。

合,即合部,是演讲的结尾部分,用来总结演讲的主要内容和观点,并给出一个强有力的结论。在合部,演讲者可以回顾前面的论点和论据,强调自己的观点,并鼓励听众采取行动或思考问题。合部的目标是给听众留下一个深刻的印象,使他们对演讲的内容产生共鸣并有所启发。

(6) 设计结尾。演讲结尾时,一个有力的例子可以帮助巩固演讲的主题和观点,并给听众留下深刻的印象。例如:你正在演讲关于环保和可持续发展的主题,你可以在结尾部分提出一个令人震撼的例子来强调为什么我们需要采取行动来保护地球。"在加拿大的北极地区,一只名叫克努特(Knute)的小熊幼崽被发现离开了妈妈,孤零零地在冰块上漂流。当它被救起时,已经快要饿死了。克努特成了全球媒体关注的焦点,成千上万的人为它祈祷,希望它能够康复。这个故事也是地球生态系统的一个警示。由于全球变暖导致的冰川融化,北极地区的生态系统正受到巨大威胁。克努特的遭遇不仅仅是一只小熊的悲剧,也是我们对地球的忽视和破坏的一个缩影。我们不能再袖手旁观,我们需要采取行动来保护我们的星球。"这个例子通过一个具体的、引人入胜的故事,将环保问题与听众的情感联系起来。它不仅向听众展示了环境问题的紧迫性,还激发了听众的情感共鸣和参与意愿。这样的例子可以在演讲结尾部分留下深刻的印象,并激励听众思考和采取行动。

知识点五:演讲者的手势技巧

手势不仅使有声语言显得生动活泼,而且使听众借助视觉的帮助,获得更加深刻的印象。

手势可分为情意手势、指示手势、象征手势三种。

情意手势是演讲者伴随演讲内容的起伏发展,表达自身思想感情的手势动作,如指心表示忠诚,抚胸表示悲哀等(图 2-1)。指示手势是指明谈论的对象,给听众一种真实感,如图 2-2。比如"抗日战争胜利后,在中国人民面前摆着两个前途:一个是光明的中国;一个是黑暗的中国",配合有声语言,右手在胸前握拳,左手伸出食指和中指,引起听众对两种前途、两种命运的关注。象征手势是演讲者伴随演讲高潮的到来,用来引发听众心理上的联想的一种行为动作。例如,讲到"让我们团结起来,争取更大的胜利!"左臂向斜上方伸出,左手握拳,表示奋斗的决心(图 2-3)。

图2-1 情意手势　　　　图2-2 指示手势　　　　图2-3 象征手势

常见的演讲手势有上举(抬)、下压和平移、斜劈(挥)等几类,每类中又可分单手和双手两种,每种均可有拳式、掌式等。演讲中,应注意:一是手势动作不要过多,否则会喧宾夺主,分散听众的注意力。二是不要过多地重复同一个动作。一个手势动作在演讲的整个过程中最多不能超过三次,否则会引起听众的厌烦心理,影响演讲效果。三是要辨清褒贬含义的区别。手势范围大致划分为上中下三个区,分别表示褒、中、贬三种情感。鼓动号召性的动作,多在胸部以上的区域;表示强调的动作,多在胸前区域;表示鄙视、贬斥的动作,多在胸部以下区域的左右侧,且以右手在左侧做动作为佳。常见演讲手势见图2-4。

图2-4 常见演讲手势

总之,要根据语言所要表达的内涵,力求实现动作与语言表达的一致性。

知识点六:演讲者的眼神技巧

要善于用目光接触听众,很多演讲者上台后就一直低着头,没有正确运用目光去与听众进行目光交流。"眼睛是心灵的窗户",在演讲中,眼睛既是演讲者表情达意的重要工具,也是一种指挥听众、组织演讲的重要手段。不同的视线,表达的意义有所不同。视线向上,往往是思索和傲慢的表示;视线向下,往往是忧伤、愧悔、羞怯的表示,环顾左右则往往意味着神情慌张,心绪不宁。汉语中描述"看"这一眼睛动作的词语多达五十多个——"盯""瞅""瞪""瞟""白""翻""斜""睨""使眼色""眉目传情""眉开眼笑""目不转睛""暗送秋波""横眉怒目""愁眉不展"等,都是描绘用眼表情的。不同的眼神惟妙惟肖地传递着不同的信息,交流着不同的情感。因此,演讲内容波澜起伏、演讲情感抑扬跌宕,无不可以通过不同的眼神,配合有声语言、手势、表情、姿态,协调和谐地反映出来。

常见的用眼方法有:

(1)环视法。环视是照顾全场,统观全局的观察法。除有必要的短暂注视外,演讲者不要老是盯着某个人或某个地方,尤其要顾及前排及左右两边的死角。

(2)虚视法。就是似视非视,演讲需要这样虚与实的目光交替,"实"看某一部分人,"虚"看大家,演讲要做到"目中无人,心中有人"。

(3)前视法。演讲者视线平直向前面弧形流转,从听众席的中心线弧形照顾两边,直至视线落到最后的听众头顶。

实践精粹

技能点一:增强演讲的胆量

要成为一个优秀的演讲者,首先要能够克服自己内心的心理障碍,不畏惧在公众面前说话,积极的心理暗示,对演讲大有帮助。

以下的话语要经常对自己说:①我喜欢讲话;②我喜欢我的声音;③我的脚下就是一个舞台;④只要有开口说话的机会我就开口说话;⑤我天生就是演说家,随时上台都有最好的表现;⑥台下人越多,越能展现我的口才和魅力。

技能点二:快速自我介绍

1. 简洁型

公式:①问好;②感谢;③介绍姓名;④来自什么地方;⑤从事什么职业;⑥祝愿。

这种介绍主要用于出席公众场合,参加学习交流等活动。

例如:各位朋友,大家早上好!(掌声)

非常高兴来到××认识各位朋友。在此要感谢××给我这个平台,让我能在这里和大家分享,我们给××热烈掌声鼓励一下好吗?(掌声)谢谢,我是张思齐,弓长张的张,见贤思齐的思齐,来自××,在此祝福在座的每一个朋友生活吉祥如意,也祝愿本次活动取得圆满成功!

2. 塑造型

公式:①问好;②姓名;③来自哪里;④目前的单位或者学校;⑤个人优点;⑥人生梦想;⑦人生格言;⑧对别人的帮助。

这种介绍带有一定塑造个人价值的性质,主要用于朋友、家庭聚会等生活场合。

具体塑造方法:过去——①您过去有过哪些不可思议的经历;②您过去做过哪些惊天动地的大事;③您过去进行过哪些叹为观止的创造。④不断地回顾过去,并赋予过去价值,激励更多的人;现在——①您现在正在做一件多么伟大的事情;②您现在有多少人(团队、家人、朋友、贵人、名人)在背后支持。③现在有多少顶尖的人欣赏您、推荐您,并与您合作……

3. 宣传型

公式:①头衔;②人物描述;③过去的经历;④过去的成绩;⑤作品;⑥目标与使命。

例如:各位下午好!

我是来自××大学的×××。我喜欢读书,因为它能丰富我的知识;我喜欢跑步,因为它能够磨砺我的意志。我是一个活泼开朗、热情、执着、有坚强意志的人。

在读书期间,我做过暑期工,向用餐的客人推销啤酒。那时我觉得,营销是一种服务。既然是一种服务,就应该做到让大伙儿满意,用热情和真心去做。激情,是工作中不可或缺的要素,是推动我不断创新,全身心投入工作的动力。激情加上挑战自我的意识,我相信我能胜任这份工作。

我非常欣赏贵公司的企业文化:"诚信是我们合作的基础,双赢是我们共同的目标!"我愿与××一起发展,一起创造辉煌的明天!

谢谢大家!

以小组为单位进行训练,小组内每个成员作一段自我介绍。

学习记录

技能点三:学会命题演讲

1. 凤头:设计开场白

演讲的开场白是演讲者与听众之间沟通的第一座桥梁,演讲者通过开场白给听众留下第一印象。出色的演讲者总是以他特有的风度、洪亮的声音、新奇的内容、精彩绝妙的语言,或者其他方式,在演讲开头就控制全场,抓住所有听众的心,取得旗开得胜的效果。

内容和时空环境的多样性决定了演讲开头的多样性。开场白是凤头,有多种经典的开场方式:

(1)赞美式(观众、环境等)。

当设计演讲开头时,可以使用赞美式来吸引听众的注意力,建立与他们的联系。例如:

尊敬的各位听众,今天我感到非常荣幸,能够站在这里与如此出色的人们分享我的想法。你们中的每一个人都是如此聪明、充满活力,而且对社会发展充满热情。与此同时,我也要感谢这个美丽的城市,它的独特魅力和文化底蕴让我深受启发。在这样一个富有活力的环境中,我相信我们可以一起探讨并解决重要的问题,为我们的社会和世界带来积极的改变。

这样的开头赞美了听众的能力和热情,同时也赞美了所在的环境,营造了一种积极向上的氛围。这可以使听众感到受到尊重和重视,增加他们的参与感和好奇心,从而更愿意聆听你的演讲内容。同时,这种赞美也为演讲主题的引入提供了一个平稳的过渡,让听众更容易接受和认同你的观点。

(2) 引用式(名人名言、共同的回忆、前面演讲人说过的话)。

引用式的开头可以帮助吸引听众的注意力,引起共鸣,并为演讲主题引入提供了一个引人入胜的开端。例如:

约翰·肯尼迪曾经说过:"不要问你的国家能为你做什么,而要问你能为你的国家做什么。"这句话不仅是对于个人责任和奉献精神的呼唤,也是对我们每个人应该怀有的社会责任感的提醒。今天我想和大家分享一些关于志愿服务和社会责任的观点,希望能够激发我们每个人的行动,为社会做出积极的贡献。

这样的开头通过引用肯尼迪的名言,将演讲主题与一个广为人知的名人名言联系起来,为演讲赋予了更深层次的含义,并向听众传递了积极的信息。这种方式可以帮助建立共鸣,让听众更容易接受和认同你的观点,同时也引起了听众的好奇心。

(3) 故事、笑话式。

故事或笑话式的开头可以使演讲更加生动有趣,吸引听众的注意力并营造轻松的氛围。例如:

曾经有一个小男孩,他在一个寒冷的冬天看到一群蜜蜂无法找到食物,于是决定为它们准备一些蜂蜜。他花了很多时间和精力,最终成功地帮助了这些蜜蜂。这个故事告诉我们,即使是一个小小的举动,也有可能为他人带来希望和温暖。今天,我想和大家分享一些关于善举和互助的故事,希望能够激发我们的善良和同情心,让我们一起努力创造一个更美好的世界。

这样的开头通过一个真实的故事,向听众传递了积极的信息,并为演讲主题引入提供了一个生动的例子。这种方式可以帮助增加听众的兴趣和参与感。营造一个轻松愉快的氛围,让听众更容易接受和认同你的观点。

(4) 提问式。

提问式的开头可以引发听众的思考,从而激发他们对演讲主题的兴趣。例如:

你有没有曾经感到自己的梦想似乎离自己很遥远?你是否曾经想知道成功的秘诀是什么?今天,我想和大家一起探讨这些问题,并分享一些关于实现梦想和取得成功的思考和经验。

这样的开头通过提出一系列问题,让听众对你即将分享的内容产生了期待感。通过提问式的开头,你可以与听众建立更紧密的联系,并让他们更主动地参与你的演讲。

(5) 即景生情式。

即景生情式的开头可以通过描述一个具体的场景或情景,使演讲更加生动、具体和有感染力。例如:

想象一下,你站在一个山顶上,远眺着壮丽的群山和广袤的大地。你感受到清新的山风拂过脸颊,听到鸟儿在枝头欢快地歌唱。这一刻,你感到自己与大自然融为一体,心灵得到了宁静和平衡。今天,我想和大家一起探讨大自然对我们的意义,以及如何保护和珍惜我们的环境。

这样的开头通过具体的描写,让听众仿佛置身于一个美丽的场景中,从而引发他们对环境保护和自然之美的思考和关注。这种方式可以激发听众的情感共鸣,使他们更容易与你建立起情感上的连接,并对你的演讲主题产生共鸣和兴趣。同时,即景生情式的开头也能够营造出一种温暖和谐的氛围,让听众如置其中。

实训

以小组为单位设计一段开场白。

学习记录

_____

_____

2. 猪肚:演讲的展开

演讲展开时,演讲者要充分利用定向思维、逆向思维、联想思维等,安排好讲述的层次,设计好高潮部分。

(1) 安排好讲述的层次。

① 并列式。

并列式的各层次是平等的,一般在段首用结构均衡的句子阐明分论点。如《把爱播撒》的演讲稿,其主体内容分为四个方面:爱是希望的蓓蕾;爱是细致的呵护;爱是甜蜜的奉献;爱是快乐的播撒。四个分论点各自独立又互相连贯,共同阐明同一主题——爱。这种材料的组合方式可使演讲条理井然,脉络清晰,听众容易听得明白。

② 递进式。

层层深入,先将演讲主旨进行分析解剖,然后逐层进行论述和证明,从而形成抽丝剥茧式的论证步骤。比如《活他个神采飞扬》:

开头——提出前人提出的"生如闪电之耀亮"。

第一层分析了现实中产生"出头鸟"和"缩头乌龟"两种不同的个性色彩的缘由。

第二层论述了害怕"枪打出头鸟"缘由和做"缩头乌龟"的危害。

第三层指出青年一代应该张扬个性、活力充盈。

全文由分析现状到追究根源,又由根源到危害,最后提出解决问题的办法,步步深入,很自然地为结尾的号召作了铺垫。这种方式的特点是由表及里,由浅入深,步步推进,具有较强的说服力。

③ 对比式。

它是将不同事物或同一事物的不同方面进行对照,通过分析对比其相同或相异处,从而说明一个道理。事物的前后和正反都可形成对比。

比如《反对攀比之风》的演讲稿,就是从社会上攀比宴席与社会贫困县的生活状况进行正反对比论述,从而给人留下深切的思考。正反对比,效果明显突出,引人深思,道理不言自明。

演讲稿主体结构多种多样,可以根据内容用一种或几种方法混合运用。

(2) 设计高潮。

高潮是演讲者感情最激昂、气势最雄劲的时刻,又是听讲者情绪最激动、精神最振奋的瞬

间,即演讲者与听众感情上产生强烈共鸣的时刻,安排在结束前最为得体。闻一多《最后一次演讲》淋漓尽致地体现了这一点:

李先生的血不会白流的!李先生赔上了这条性命,我们要换来一个代价。"一二·一"四烈士倒下了,年轻的战士们的血换来了政治协商会议的召开;现在李先生倒下了,他的血要换取政协会议的重开!我们有这个信心!

 实训

以小组为单位,设计一个演讲的高潮部分。

学习记录

_____
_____

3. 豹尾:演讲的结尾

好的结尾,有如咀嚼干果,品尝香茗,令人回味再三。演讲的结尾要力求收拢全篇、鼓起激情,使结尾做到言有尽而意无穷的境界。常见的结尾形式有以下五种:

(1) 篇尾亮题式。

在我们匆忙的生活中,常常忽略了身边的美好事物。正如一位作家所说:"我们的生活是由每天的细微之美构成的。"因此,我想在结束我的演讲前,与大家分享一个小故事。

故事发生在一个小村庄,有一位年轻的农民,他每天辛勤劳作,但总是对自己的生活抱怨不已。他觉得自己的农田太小,房子太简陋,收入太低,生活一片苦闷。直到有一天,他遇到了一位旅行者。

旅行者看到农民的不满,便告诉他一个小小的建议。他说:"每天晚上,在你的田地里找一朵美丽的花,仔细欣赏它的美丽和细腻。"农民起初不屑一顾,但还是试着去寻找一朵花。

然而,当农民发现了一朵鲜艳的花后,他被它的美丽所震撼。他开始仔细观察花朵的每一个细节,它的颜色、形状、香味,甚至是微小的花蕊。农民发现,原来他身边的世界充满了美好,只是他一直没有去发现和欣赏。

从那天起,农民的心情发生了改变。他开始珍惜自己的农田,觉得它是世界上最美的地方;他开始感激自己的简陋房子,觉得它是温暖和家的象征;他开始满怀感激地工作,因为他知道,辛勤劳作才能带来收获。

通过这个小故事,我想告诉大家,我们的生活中充满了美好和值得珍惜的细节。只要我们用心去发现和感激,我们的生活将变得更加充实和幸福。让我们每个人都从现在开始,珍惜身边的一切,享受生活中的每一个美好时刻。

(2) 希望与号召式。

在马丁·路德·金的著名演讲《我有一个梦想》的结尾,他以一段富有号召性的话语来激励人们:"所以,让自由的钟声从每座山顶上响起。让自由的钟声从每个小山村和每个小城镇上响起。让自由的钟声从每个州的每座山上、每个山谷中响起。让自由的钟声从每个山丘和每个陵墓上响起,从每个山头和每个山脚下响起,从每个山间和每个山谷中响起。让自由的钟声响彻整个国家。"这段话号召人们团结一致,为自由和平而奋斗。马丁·路德·金用深情动人的语言,向人们传递了一个强烈的希望与呼吁:我们应该共同努力,让自由的钟声响彻整个国家,让每个人都享有平等和尊严的权利。

（3）决心与誓言式。

我们要向世界宣示我们的决心,我们不会被任何困难所击倒,我们将勇往直前,为了我们的目标而战斗,永不言败!

（4）正反比较式。

一位同学在竞选演讲结尾处说道:"我知道我不是最好,但是我知道我能让你们放心选择。我相信飞过森林能看见海洋,一切都会变得非同寻常!"这里通过反转的手法,突出了这位同学胸有成竹的自信。

（5）用歌词、诗词、警句、格言等结尾。

引用歌词"春风十里不如你"。这句歌词出自歌曲《春风十里不如你》,用来表达对某人的深深的爱意。在演讲结尾引用这样的歌词,可以增加情感的共鸣和感染力。

引用诗词"青山一道同云雨,明月何曾是两乡"。这两句诗出自唐代诗人王昌龄的《送柴侍御》。在演讲结尾引用这样的诗句,可以展示出自己对于诗词的欣赏和理解,同时也能够给听众带来一种美感和思考。

引用警句"宁为玉碎,不为瓦全",可用来表达宁愿舍弃一些表面的东西,也要保持自己的原则和尊严。在演讲结尾引用这样的警句,可以给听众留下深刻的印象,同时也传达出自己的坚定信念。

引用格言"学而时习之,不亦说乎"。这是一句出自《论语》中的格言,强调学习的快乐和持续不断的努力。在演讲结尾引用这样的格言,可以强调自己对于学习的态度和追求,同时也鼓励听众继续努力和学习。

以上是一些常见的例子,通过引用歌词、诗词、警句或格言作为演讲结尾,可以增加演讲的艺术性和感染力,同时也能够给听众留下深刻的印象。

 实训

以小组为单位,为演讲设计一段结尾。

学习记录

___

___

技能点四:学会即兴演讲

1. 抽线头

如果把想说的话比作一团线,讲第一句话就是抽出线头,抽准了,话就会越说越顺。首句导向定势实质上就是以"片言居要"的形式对一个句群来做定向,第一句定准调,后面的表达就会源源不断地由此生发。培养即兴口语中的首句导向的定势意识,可以用一句提纲挈领的话为发端,围绕它说好一个语段。

2. 理线条

要有口语表达中的"定向推进"意识。在同一话题的表述中,这种"中心语义"制约着一连串的语句。把握句与句之间的定向推进和逻辑关系,形成比较稳定的句间依存定势和语脉导向,熟练运用起纽结作用的关联词和起语篇衔接作用的回指词,可以显示出句间良好的衔接和依存关系。

3. 挂车厢

在即兴口语中存在着一种指向性确定的表达意念。虽然口语表达中某个句群的几个句子处于不同的地位,发挥不同的作用,然而都应该指向中心语义,也陈述中心语义。为了增强表达者的向心组合意识,在陈述性表达中仍可以在适当的地方直接点明中心语义,以此作为意核组织表达的内容。

 实训

以小组为单位进行话题接龙训练。

话题接龙就是提供一个话题给一组练习者,然后从第一个人开始,每一个人围绕这个话题说一段话,每段话要跟上一位练习者的话接上,而且要以上一个人的最后一句为第一个句子展开话题。

学习记录

_____

_____

任务考核

命题演讲:我和我的祖国。

要求观点正确,主题鲜明,内容充实,例证新颖,吐字清楚、准确,具有较强的鼓舞性、号召力和感染力,能灵活运用动作、手势、眼神等态势语言的技巧。

任务评价

表 2-4-1-1 任务完成评价表

班级:_____	姓名:_____	学号:_____	完成时间:_____		
任务名称:演讲基础及技巧训练					
评价内容与评价指标	不足之处	评价等级	评价主体		
			自评	互评	师评	备注
观点正确、主题鲜明、内容充实、例证新颖、吐字清楚、准确,声音洪亮有力。语气、语调、声音、节奏富于变化,声情并茂,具有较强的鼓舞性、号召力和感染力。能灵活运用动作、手势、眼神等态势语言的技巧渲染气氛,增强表达效果		优				
		良				
		中				
		差				
总结						

反思总结

表 2-4-1-2 任务学习过程总结表

班级：_____ 姓名：_____ 学号：_____ 完成时间：_____			
任务名称：演讲基础及技巧训练			
类别	索引	学生总结、要点记录	
知识点	一		
	二		
	三		
	四		
	五		
	六		
技能点	一		
	二		
	三		
	四		
存在的问题记录			
反思总结			

项目五 课本剧编排与表演训练

任务 2-5-1 课本剧编排与表演训练

任务描述

能把课本剧的文本进行灵活巧妙地编排,并进行舞台表演。

知识技能点

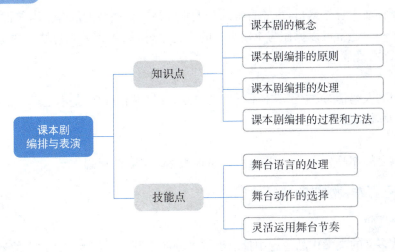

理论精粹

知识点一:课本剧的概念

课本剧就是把课文中叙事性的文章改编为戏剧形式,以戏剧语言来刻画人物、表达主题。改写的时候注意保留原意,不能将原文改得面目全非。

知识点二:课本剧编排的原则

剧本编排应突出主题和价值观,能够给学生以正确的道德和人生观念,培养他们的审美情趣和社会责任感。同时也要考虑学生上台表演的实际情况,合理安排舞台布景、服装道具等因素,确保表演的效果和可行性。

1. 要有改编的思想价值

作品本身要蕴含较为深厚的内涵，体现人类进步的思想和价值观，包含着美好的情感，体现出人间真善美的情怀，能够培养观众美好的情操，激发预期的观赏者的共鸣。

2. 要有适合戏剧表现的内容和形式元素

改编课本剧要让隐藏在概念和文字中的人从书中"立"起来，让他们无论在空间表现和时间展开上都有自己的艺术个性。因此，被改编的作品本身应包含一个情节性、可视性较强的故事，故事的内容应有一定可展开的长度。

3. 改编的内容与改编者的生活有某种程度的契合性

任何创作都依赖一定的生活积累。一定的生活积累不仅提供了创作的素材，而且也促使改编者能深刻地理解生活。改编者的生活经历、思想倾向影响着他的艺术选择。

知识点三：课本剧编排的处理

1. 截取

截取法是从一部作品中选出相对完整的一段予以改编。节选的部分往往是人物、事件、场景较为集中的段落。注意视觉艺术，抓住矛盾冲突的关键点和"有意味"的内容，在有限的时间中展开丰富的社会人生。

2. 浓缩

改编时要将文本看作素材，主要着眼的是人物和情节。情节的取舍得当与否，是浓缩成功的关键因素之一。通常可以抓住与主题有关的人物事件，以主人公思想情绪的脉络为贯串线索，对原作进行删繁就简的工作。

3. 移植

对原作中的人物情节、主题基本不做大的改动，直接挪移过来，基本上忠实于原作的框架，不做大的变动和修改。

4. 复合

将两部以上的作品合而为一，用这些素材来表达改编者的思想。

知识点四：课本剧编排的过程和方法

1. 主题的确定

要善于从多义的文学作品主题中抽取出课本剧的主题。原作者叙述这个故事的动机是什么？为什么要叙述这个故事？我要改编这个剧本的目的是什么？我试图通过这个故事表现什么？

2. 风格的定位

风格是艺术作品独创性的突出标志。一部改编作品的风格主要由原作的风格和改编创作者的创作风格共同决定。

3. 人物的选择

根据原作的基本情节和作品将要表现的主题重新设置人物，确定人物的关系、人物的个性，也就是确定哪些人物应该得到突出，哪些应该弱化，哪些应该删除，哪些应该增加。

4. 情节的安排

对情节的取舍往往体现出改编者的思想和艺术趣味，也是改编成功与否的一个关键因素。情节可增删，主要依据主题和将要形成的风格；情节可重新构思，使结构组合自由的情节适合于比较集中紧凑的舞台艺术的表现方式。

5. 时空的处理

将原作中的时间的流动变成视觉的流动;对原作的时空进行压缩处理;进行时空的扩展,将原作中不经意点染的地方延展为一个长长的段落。

6. 视觉的造型

赋予原作造型特征,将人物的内心视像呈现出来,赋予原作丰富的动作性。

实践精粹

技能点一:舞台语言的处理

1. 语言的目的性处理

语气是表达心理活动的重要手段。掌握讲话的意图,分清虚实,为行动目的服务的字和句要"读实",而有一些辅助的、枝节的语言要"读虚",二者之间,语调要区分轻重。

2. 语言的抒情性处理

想做到朗诵升华和诗化处理,即让台词具有艺术美,又符合角色个性,是非抒情不可的。舞台语言必须包含多处激情处理,否则难以打动人心。

3. 语言的描绘性处理

必须有明晰的"内心视象",描绘得细致真实才能在观众想象中造成幻觉。全面地掌握象形、模拟、比喻、夸张等描绘技法,处理好台词的形象性。

4. 语言的双重性处理

语言的双重性处理有时并不在于挖掘潜台词,而是着力于人物心理的揭示,使人物关系呈现出使观众惊奇的效果。

以小组为单位进行台词训练。

《皇帝的新装》(片段)

骗子甲乙:参见陛下!(行礼)

皇帝:你们有什么特殊的本事吗?

骗子甲:尊敬的陛下,我们可以织布,这种布不仅色彩和图案都分外美观,而且缝出来的衣服还有一种奇怪的特性。

骗子乙:任何不称职和愚蠢得不可救药的人,都看不见这衣服。(眉飞色舞)

皇帝心想:那可真是理想的衣服!我穿了这样的衣服,就可以看出在我的王国里哪些人不称职。我还可以辨别出哪些是聪明人,哪些是傻子。是的,我要叫他们马上织出这样的布来!

皇帝:(指着喊)你们马上为我织出这样的布来。

骗子甲乙:我们需要最细的生丝和最好的金子。

皇帝:好,你们要多少都可以。(挥手)马上开工!

两个骗子:谢陛下。

> **学习记录**
>
> _____
> _____

技能点二：舞台动作的选择

1. 动作情境化选择

从角色的性格特征与行动目的出发，结合规定情境来选择动作是一种重要的表演技能。

2. 动作性格化选择

动作的性格化选择是演技中的重要一环，因为它可以直观地表现性格。它本身具有独特的美感属性，它与一般的为实现行动而组织起来的动作有所区别。

3. 动作辅助性选择

俄罗斯戏剧教育家沃尔康斯基说，如果正确的手势能加强语言的作用，那错误的手势就会削弱它了。可见，没有任何手势也比用错误的手势要好。

4. 动作虚拟性选择

一无实物，二不能重复做，如果你的动作不能让观众当场看懂，那就失去了艺术价值。

舞台动作示例见图2-5。

图2-5 舞台动作示例

>
>
> 以小组为单位进行舞台动作训练。
>
> 　　无实物表演：美好的一天。
>
> **学习记录**
>
> _____
>
> _____

技能点三：灵活运用舞台节奏

1. 抓重点

全剧的高潮，每一幕、每一场中的次高潮就是大重点，而每一幕、每一场中也还有小重点，分量不同，作用不同，层次的细致差别也就能体现出来了。有意地冲淡、削弱那些非重点的地方，使之对比鲜明。

2. 抓停顿

停顿一般是心理顿歇，是情绪起伏变化最深刻的地方，它常是之后重要行动的酝酿，能推动剧情的发展。停顿是为了更深刻，也就是更明确地表现戏剧冲突。

3. 抓对比

在激情迸发之前，先让它压下去，充分积累后再爆发，这种力量更强。在悲来到前尽可能地喜，也会产生对比效果，在对比中互相衬托，互相烘染，节奏与情绪色彩就会丰富些，更为强烈些，也就更有感染力。

4. 抓过场戏

过场戏一般是戏剧中"无话则短"之处。但有时为了交代，有时为了连接，有时为了爆发前的一时宁静等，因需要而不得不将它们保留在剧本和演出之中，这种过场戏应该削弱、冲淡。

>
>
> 以小组为单位进行《渔夫和金鱼》故事的戏剧表演。
>
> **学习记录**
>
> _____
>
> _____

《渔夫和金鱼》

任务考核

编排并表演课本剧《陶罐和铁罐》，要求不脱离课本的基本情节，生动形象，表达有创意。

陶罐和铁罐

国王的御厨里有两个罐子,一个是陶的,一个是铁的。骄傲的铁罐看不起陶罐,常常奚落它。

"你敢碰我吗,陶罐子!"铁罐傲慢地问。

"不敢,铁罐兄弟。"陶罐谦虚地回答。

"我就知道你不敢,懦弱的东西!"铁罐说,带着更加轻蔑的神气。

"我确实不敢碰你,但并不是懦弱。"陶罐争辩说,"我们生来就是盛东西的,并不是来互相碰撞的。说到盛东西,我不见得就比你差。再说……"

"住嘴!"铁罐恼怒了,"你怎么敢和我相提并论! 你等着吧,要不了几天,你就会破成碎片,我却永远在这里,什么也不怕。"

"何必这样说呢?"陶罐说,"我们还是和睦相处吧,有什么可吵的呢!"

"和你在一起,我感到羞耻,你算什么东西!"铁罐说,"走着瞧吧,总有一天,我要把你碰成碎片!"

陶罐不再理会铁罐。

时间在流逝,世界上发生了许多事情。王朝覆灭了,宫殿倒塌了。两个罐子遗落在荒凉的场地上,上面覆盖了厚厚的尘土。

许多年代过去了。有一天,人们来到这里,掘开厚厚的堆积物,发现了那个陶罐。

"哟,这里有一个罐子!"一个人惊讶地说。

"真的,一个陶罐!"其他的人都高兴得叫起来。

捧起陶罐,倒掉里面的泥土,擦洗干净,它还是那样光洁、朴素、美观。

"多美的陶罐!"一个人说,"小心点儿,千万别把它碰坏了,这是古代的东西,很有价值的。"

"谢谢你们!"陶罐兴奋地说,"我的兄弟铁罐就在我旁边,请你们把它掘出来吧,它一定闷得够受了。"

人们立即动手,翻来覆去,把土都掘遍了。但是,连铁罐的影子也没见到。

任务评价

表 2-5-1-1 任务完成评价表

班级:_____ 姓名:_____ 学号:_____ 完成时间:_____

任务名称:课本剧编排与表演训练

评价内容与评价指标	不足之处	评价等级	评价主体			
			自评	互评	师评	备注
不脱离课本的基本情节,生动形象,表达有创意。语言清晰流畅,语气语调有变化,人物形象刻画鲜明,舞台表演丰富、灵动		优				
		良				
		中				
		差				
总结						

 反思总结

表 2-5-1-2　任务学习过程总结表

班级：_____ 姓名：_____ 学号：_____ 完成时间：_____			
任务名称：课本剧编排与表演训练			
类别	索引		学生总结、要点记录
知识点	一		
	二		
	三		
	四		
技能点	一		
	二		
	三		
存在的问题记录			
反思总结			

模块三 点石成金

——教师课堂教学口语

教学语言是教师用于课堂教学的工作用语。它受教学内容、教学任务、教学对象、场地、时间等多种因素的制约,同时还直接受教师思想、品德、学识、审美情趣及语言能力的影响。这种语言是书面语和优化口语的结合,它以有声语言为主,辅以面部表情、手势、体态。因此,教学语言既有通俗晓畅的长处,又具有书面语典雅蕴藉的优点,还具有规范性、科学性、教育性的特点。

岗位能力要求

教师应该具备良好的课堂教学的施教技能:导入技能、讲授技能、组织学生活动技能、课堂纪律管理技能等。

思想引领

2020年9月,习近平总书记向全国广大教师和教育工作者致以节日祝贺和诚挚慰问,希望广大教师不忘立德树人初心,牢记为党育人、为国育才使命,积极探索新时代教育教学方法,不断提升教书育人本领,为培养德智体美劳全面发展的社会主义建设者和接班人作出新的更大贡献。

思政加油站

一辈子学做教师——于漪

这是于漪老师的一堂语文公开课,课堂上出现了出人意料的场景——于漪正讲到课文中"一千万万颗行星"时,甲同学发问:"老师,'万万'是什么意思?"惹得全班同学哄堂大笑。甲同学猛然醒悟过来,满脸通红,头耷拉下来,垂头丧气地坐下了。

于漪见状便问大家:"大家都知道'万万'等于'亿',那么这里为何不用'亿'而用'万万'呢?"全体学生的注意力一下子被吸引过来,没有人再发笑,大家都认真地思考起来。

乙同学站起来答:"大概'万万'比'亿'读起来更加顺口吧。"

于漪表扬了乙同学,接着问:"大家还有没有不同的意见?"

众生沉默不语。于漪便顺着乙同学的答案总结了一下:"是汉语言的叠词叠韵之美影响了此处的用词。"接着,于漪又问了一句:"那么请大家想想,今天这一额外的课堂'收入'是怎么来的呢?大家要感谢谁呢?请让我们用掌声表达对他的谢意。"

大家的目光一齐射向甲同学,对他鼓起掌来。此时,甲同学又抬起了头,有了自信,不再垂头丧气了。

面对突发事件时的高超教学技术素质,加上一颗包容学生的大爱之心,使一个小小的细节显示出了名师真风范、学者大气度、师德高水平。

模块导学

在本模块的学习中,要掌握课堂教学环节口语表达的基本形式,学会导入语、讲授语、提问语、结束语、应变语的定义、作用、类型等。

项目一　导入语与讲授语训练

任务 3-1-1　导入语与讲授语训练

任务描述

通过片段试讲,学会在不同课型中采用规范、适切的导入语式和规范、熟练地运用讲授语。

知识技能点

知识精粹

知识点一:导入语与讲授语的定义

导入语常被称为课堂教学用语的开始语。教学中的导入语要富有独特性、吸引力,使教学一开始便能紧紧抓住学生的注意力,从而引出这堂课的核心话题。

讲授语是指教师系统、连贯地向学生讲解、传授知识和技能的教学语言形式。它是课堂教学中最基本的语言表达形式,是教学语言的主体。

知识点二:导入语与讲授语的作用

导入语能把新旧知识有机地联系起来,渲染气氛,引发情绪,调动学生学习的积极性,帮助对新知识的理解。

讲授语可以传授知识,解疑释惑;启发思维,培养能力;传道育人,培养习惯。

实践精粹

技能点一：导入的类型训练

导入通常分为知识导入、谈话导入、游戏导入、故事导入、情境导入、教具导入。

1. 知识导入

通过简单地介绍新课的基本概念和知识点，让学生对新课有一个初步的了解，从而导入新课。

例：《狼牙山五壮士》一文，老师说，"今天我们一起学习《狼牙山五壮士》，文章记叙了 1941 年秋，面对日寇大举进攻，五壮士为了掩护群众和部队转移，同敌人血战到底的英雄事迹。同学们是否想知道这五位壮士是谁，他们又是怎样以其壮心、壮言创造出惊天地、泣鬼神的壮举吗？现在就让我们怀着崇敬的心情来学习课文《狼牙山五壮士》"。

2. 谈话导入

通过提出一个引人入胜的问题，进行交谈，引起学生的兴趣和思考，从而导入新课。

师：今天我们要讲哪一课？
生：《月光曲》。
师：《月光曲》的"曲"是什么意思？
生：我觉得"曲"就是歌曲的意思。
师：那怎么不叫"月光歌"？（众笑）
生：我觉得"曲"是没有歌词的，用乐器演奏的。
师：好，《月光曲》这篇课文是讲谁的？

3. 游戏导入

通过丰富多彩，生动有趣的游戏，让学生在玩中进入学习内容的主题，从而导出新课。

例：一位老师上《青蛙》一课，先让学生猜青蛙的谜语。当学生猜对时，老师在黑板上画青蛙简笔画并板书课题"青蛙"。这样的导入自然有趣，既可以调动儿童学习的兴趣，又可以培养他们的思维能力。

4. 故事导入

通过讲述一个有趣的故事或者寓言，引发学生的兴趣和思考，从而导入新课。

例：一位老师在教学"商不变性质"一课时，创编了"猴王分桃"的寓言故事——花果山上风景秀丽、气候宜人。猴王在果园里为小猴分桃子。猴王说，"把 6 个桃子平均分给 3 个小猴吃"。小猴不开心地直嚷，"太少！太少！"猴王又说，"我把 60 个桃子平均分给 30 只小猴，怎么样？"小猴仍嫌少，试探着问，"再多给一点行吗？"猴王一拍桌子，很慷慨地说，"那好吧！给你们 600 个桃子平均分给 300 只小猴，你们总该满意了吧？"这时，小猴笑了，猴王也笑了。老师意味深长地问，同学们，谁的笑是聪明的一笑呢？为什么？

5. 情境导入

通过模拟一个真实的情境，让学生身临其境，感受到新课的重要性和实用性，从而导入新课。

例：在设计《黄山奇石》的导入时，教师首先利用教学录像播放出黄山美景的优美画面。突兀的山峰、美丽的石头、如同仙人居住的环境，深深地吸引了学生，使学生一下子都把心思集中到了课堂上。

6. 教具导入

通过展示一些图片、视频或者实物,让学生直观地感受到新课的内容和意义,从而导入新课。

如在《海底世界》一文,教师在上新课之前,运用多媒体播放一些海底的视频,还拿了些美丽的珊瑚挂件,让学生传看。学生看完后,教师说:"同学们,海底漂亮吗？生长着什么动物和植物呢？现在就让我们来学习《海底世界》这篇课文,一起到海底去探险吧。"

 实训

小组讨论、抽签,各自找材料,选择一种类型进行导入语训练。

学习记录

_____

_____

技能点二:讲授语的类型训练

讲授语的类型包括归纳式、评点式、叙述式、解析式、比较式。

1. 归纳式

归纳式讲授语以简明扼要的语言从整体上理性地对前面所讲的内容进行阶段式归纳总结,以帮助学生消化、巩固所学知识。

例:在讲解"水果"这个主题时,老师先给学生展示了一些不同种类的水果,如苹果、香蕉、桔子、西瓜等,然后让学生观察这些水果的共同特点,归纳出它们都是可以食用的植物。

2. 评点式

评点式讲授语是指教师在讲授过程中,对教学内容进行评点、分析、解释、总结,以帮助学生更好地理解和掌握所学知识。

例:在讲解《小蝌蚪找妈妈》这篇课文时,教师对小蝌蚪的形象、心理变化、成长过程进行了评点和分析,帮助学生理解小蝌蚪的成长过程和情感变化,同时也以小蝌蚪的成长过程引导学生思考自己的成长历程和人生价值。

3. 叙述式

叙述式讲授语是指教师通过叙述、描述的方式,将客观事物、事件、事理等具体内容,以生动、形象的语言表达出来,使学生形成对所学知识的系统理解。

例:在讲解"自然现象"这个主题时,老师先给学生叙述了一些自然现象,如风、雨、雷、电等,然后让学生感受这些现象的特征和变化,发现它们都是自然界中的一些物理现象。老师进一步叙述自然现象的基本原理和形成原因,帮助学生理解自然现象的本质和规律。

4. 解析式

解析式讲授语就是对学生不熟悉或不理解的问题进行阐释分析的教学用语。解析时,教师要做到推导有序,言之有理。

例:一位音乐老师是这样分析《黄河大合唱》的,"现在我们看看第一乐章的内容。它由三部分组成——引子和第一部分描绘了船夫们在一声惊天动地的呼号声中,开始了和狂风恶浪勇敢搏斗的惊险场面;第二部分刻画出快要到达河岸时的内心喜悦;尾声表现了船夫们团结一致与惊涛骇浪搏斗,终于到达彼岸的必胜信心和战斗精神。"

5. 比较式

比较式讲授语通过对比不同知识点之间的异同,帮助学生更好地理解和记忆相关内容。

例:在数学课上,老师通过比较不同公式、定理之间的联系和区别,帮助学生更好地掌握数学知识。

实训

1. 小组讨论、抽签,各自找材料,选择一种类型进行讲授语训练。
2. 导入语和讲授语有什么区别?试举例说明。
3. 案例分析,请谈谈这位教师导入语的特点。

她曾是古老中国大地上的一颗明珠,艳光四射,引人注目;她曾是中国建筑、园林、艺术的宝库,富丽堂皇,璀璨夺目。然而在1860年10月6日这一天,两个强盗闯进了这里,烧杀抢掠,她在熊熊烈火中挣扎,最终毁灭!同学们,你们知道"她"是指哪个地方吗?对,就是我们在思品课中讲过的圆明园。这节课让我们走进第14课《圆明园的毁灭》,去感受它曾经无与伦比的辉煌,去聆听它在烈火中的那一声叹息。

——邹敏 语文课《圆明园的毁灭》

学习记录

案例分析

_____

_____

任务考核

请以部编版小学语文一年级上册《雪地里的小画家》一课为例,根据要求完成以下任务。

查看大图

(1) 设计符合一年级学生学情特点的新课导入语。
(2) 为本课生字教学设计讲授语。

任务评价

表 3-1-1-1 任务完成评价表

班级：_____ 姓名：_____ 学号：_____ 完成时间：_____						
任务名称：导入语与讲授语训练						
评价内容与评价指标	不足之处	评价等级	评价主体			备注
^	^	^	自评	互评	师评	^
新课导入语设计符合一年级学生学情特点，讲授语生动、有趣		优				
^	^	良				
^	^	中				
^	^	差				
总结						

反思总结

表 3-1-1-2 任务学习过程总结表

班级：_____ 姓名：_____ 学号：_____ 完成时间：_____			
任务名称：导入语与讲授语训练			
类别	索引	学生总结、要点记录	
知识点	一	
^	二	
技能点	一	
^	二	
存在的问题记录		
反思总结		

项目二　提问语与结束语训练

任务 3-2-1　提问语与结束语训练

任务描述

通过试讲,学会采用规范、适切的提问语式和规范、熟练地运用结束语。

知识技能点

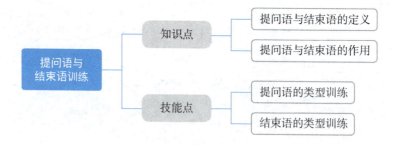

理论精粹

知识点一:提问语与结束语的定义

提问语是指教师根据教学要求和学生的学习情况提出问题,是调动学生积极思考、解决学习中的问题,帮助学生掌握知识,培养学习能力的教学语言形式。

结束语是课堂教学即将结束时,教师在引导学生对所学知识与技能进行及时的总结、巩固、拓展、延伸与迁移的教学活动时所用的语言。

知识点二:提问语与结束语的作用

教育家陶行知先生曾说过,"发明千千万,起点是一问"。提问有利于:调动学生的学习兴趣,发展学生的思维;可调控教学节奏,促进师生交流,活跃课堂氛围;激励和提高学生自主学习与探究能力。结束语有利于:整理概括、巩固记忆;启发思维、开阔视野;指导实践、培养能力。

技能精粹

技能点一：提问的类型训练

提问主要有互问型、顺问型、疑问型、设问型、追问型五种类型。

1. **互问型**

互问型即由学生提出问题、回答问题，是一种你来考考我、我来考考你的教学活动。它能激励学生的兴趣，调动学习积极性。

例如，讲解《小壁虎借尾巴》这篇课文时，老师通过互相提问的方式引导学生思考和探究。A学生："小壁虎为什么要借尾巴?"B学生回答："因为它被蛇咬住了，为了逃生，它需要借尾巴。"A同学又问："那么小壁虎都向哪些动物借了尾巴?"B学生回答："它向小鱼、牛、燕子借了尾巴。"

2. **顺问型**

顺问型是按照教材先后，根据逻辑关系或学生认识事物的一般顺序进行提问，与教材的逻辑顺序合拍，顺应学生认识问题的一般规律。

例如，老师在讲解《美丽的小兴安岭》时，问学生："小兴安岭在哪个地方?"学生回答："小兴安岭在我国的东北部。"老师又问："小兴安岭有什么特点?"学生回答："小兴安岭树木茂密，物产丰富，四季景色美丽。"老师又问："小兴安岭的春天、夏天、秋天、冬天分别有什么特点？有哪些景物?"学生通过细读和思考，理解了小兴安岭四季的不同特点以及每个季节中的美丽景物。

3. **疑问型**

疑问型是针对问题直接正面提问。它要求问语明确，表述清晰。

例：本文可分成几段？国度与国家的区别是什么？反射角与入射角的大小如何？

4. **设问型**

设问型就是精心设计问题提问学生，并不要求学生作答，而是自问自答，造成学生的悬念感。

例如，老师在讲解《小柳树和小枣树》这篇课文时，问："小柳树在春天是什么样的?"然后自己回答："它在春天长出了嫩绿的叶子，非常美丽。"

5. **追问型**

追问型是指把所传授的知识分解为一个个小问题，一环扣一环系统地提问学生。教师发问的语气较急促，问题与问题之间间隙时间较短，能创设热烈气氛，训练学生的敏捷、灵活的思维品质。

例如，上《晏子使楚》这一课时，老师先后问："今天有一位外交官，他对晏子的口才是这样认为的，谁来读一读?""关于这位外交官的评价，你赞成他的观点吗？你不赞成他的观点吗？为什么?""我明白了，你的意思就是晏子的口才就是源于他的智慧，对吗?""那你的观点是赞成还是不赞成呢?""还有没有不同的声音?"

小组讨论、抽签,各自找材料,选择一种类型进行提问语训练。

学习记录

_____

_____

技能点二:结束语的类型训练

课堂结束语主要包括游戏型、激励型、悬念型、总结型、拓展型、巩固型六种。

1. 游戏型

游戏型是指教师根据教学内容和学生的特点,设计一些游戏活动来结束课堂,以检验和巩固所学知识,同时增强学生的学习体验。

例:语文课上,老师说,今天我们学习了很多成语。最后,我们做一个成语接龙的游戏,把今天所学的成语串起来。看谁能在下课之前说得最多,谁就赢。

2. 激励型

激励型是指教师在课堂结束时,使用鼓励性语言来激励学生进一步努力学习,增强他们的自信心和积极性。

例:同学们,大家想过吗?为什么人民币的面值只有1分、2分、5分、1角、2角、5角、1元、2元、5元……而没有3分、4分、6分、7分呢?这虽然是个小问题,但老师相信,聪明的你们一定能研究出大学问!

3. 悬念型

悬念型是指教师利用学生好奇心的特点,通过设置悬念来引起学生对后续学习内容的兴趣和期待。

例:同学们,一节课我们学会了这么多知识,真了不起!现在老师让你们猜个谜语,想不想动脑筋?最长又最短,最多又最少,最快又最慢,最便宜又最宝贵的是什么?下节课我们就谈谈这个老朋友,它是谁呢?下回分解。

4. 总结型

总结型指教师对所教内容进行概括,扼要归纳出教学纲要或精髓。这种总结语的特点是精练、明确,既有助于学生形成一堂课的整体认识,又便于强化教学重点。

例如,某教师教学《分数的基本性质》的结束语:这节课,我们学习了分数的基本性质,即分数的分子和分母都乘以或除以相同的数(0除外),分数的大小不变。这是学习分数和其他相关知识的重要基础。我们在学习数学知识的同时,还学会了一种观察事物,分析问题的方法,这就使我们在变化的数学现象中看到了不变的实质。

5. 拓展型

拓展型是结束课程时,教师在教学内容的基础上进一步引申发挥的话语,或指导学生学习探索的方法,或开阔学生视野、激发学生情感,或联系实际,启发学生对人生的思考。

例如,某教师教学《少年闰土》的结束语:

师:我们学习了《少年闰土》,相信这个见多识广而又活泼可爱、聪明能干的农村少年也已经成为大家的好朋友。同学们,你们想了解三十年后的闰土吗?

生:想。

师:鲁迅先生的《故乡》向我们描绘了三十年的社会生活给闰土带来的变化。如果大家感兴趣的话,可以把这篇小说找来看一看。

6. 巩固型

巩固型是指教师在课堂结束时,通过总结、回顾、提问等方式,帮助学生回顾和巩固所学知识,增强学生对知识的理解和记忆。

例:同学们在这节课的学习中,运用了哪些学习方法?学到了哪些知识?有哪些收获?同学们自己想一想,一起来总结。

实训

1. 小组讨论、抽签,各自找材料,选择一种类型进行结束语训练。
2. 提问语和结束语各有什么作用?试分别举例阐述。
3. 案例解析,谈谈教师在上《金色的鱼钩》中结束语的特点。

金色的鱼钩是我们老班长那颗金灿灿的心,是红艳艳的爱,是一个生命无私奉献的见证。我们红军的队伍里,这种精神是无处不在。孩子们,虽然现在我们处于和平年代,但是那种精神要永远保持下去。不忘历史,能让我们前进的脚印更加踏实、厚重。

案例分析

学习记录

任务考核

请以部编版小学语文三年级下册《花钟》一课为例,根据要求完成以下任务:

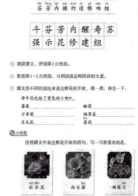

查看大图

1. 试针对教学概括段意，进行提问语和结束语的设计。
2. 试从品析语言、创造仿写的角度进行提问语的设计。

任务评价

表 3-2-1-1　任务完成评价表

班级：_____　姓名：_____　学号：_____　完成时间：_____

任务名称：提问语与结束语训练

评价内容与评价指标	不足之处	评价等级	评价主体			备注
			自评	互评	师评	
提问语设计符合学生学情特点，合理，富有启迪。结束语简单明了、令人回味		优				
		良				
		中				
		差				
总结						

反思总结

表 3-2-1-2　任务学习过程总结表

班级：_____　姓名：_____　学号：_____　完成时间：_____

任务名称：提问语与结束语训练

类别	索引	学生总结、要点记录
知识点	一	
	二	
技能点	一	
	二	
存在的问题记录		
反思总结		

项目三　应变语训练

任务 3-3-1　应变语训练

任务描述

根据情境的创设,熟练地依据不同的语境运用应变语。

知识技能点

理论精粹

知识点一:应变语的定义

应变语是教师在课堂上及时调节师生关系、处理课堂突发事件时所运用的教学口语。

知识点二:应变语的作用

教师只有具备良好的应变能力,才能恰当地采取有效措施,维持教学过程的动态平衡,使教学顺利进行并取得预期效果。它能吸引学生注意力,调控课堂气氛,有效引导教学。

实践精粹

技能点:应变语的类型训练

应变语可分为因势利导型、借题发挥型、顺水推舟型、以退求进型。

1. 因势利导型

因势利导型是指在教学过程中,教师根据课堂上的具体情况,灵活地调整教学策略和方法。

例:数学课上,教师原本准备讲几何图形,但发现学生对平面图形不感兴趣,于是教师改变计划,引入立体图形,让学生通过观察实物来理解几何概念。

2. 借题发挥型

借题发挥型指教师利用课堂上的偶发事件或学生回答中的某一词语,发挥自己的教育机智,将其转化为有价值的教学资源,引导学生进行深入探究和思考。

例:语文课上,教师正讲到春天的美丽,窗外突然下起了大雨,于是教师改变计划,让学生通过联想和想象,描述雨天的景象和感受,从而加深对自然现象的理解。

3. 顺水推舟型

顺水推舟型是指教师根据学生的思路和想法,顺应他们的兴趣和需求,引导他们进行深入思考和探究。

例:在数学课上,教师正讲到分数,但发现一个学生在看他的手,于是教师改变计划,请这位学生上台展示他的手,并通过手指与手掌引出分数的学习。

4. 以退为进型

以退为进型是指在面对课堂上的突发情况时,教师暂时退一步,以平和的态度和方式处理问题,从而维护课堂秩序和教学进度。

例:语文课上,教师正讲到古诗的意境,但发现学生难以理解,于是教师改变计划,先退一步,帮助学生了解古诗的背景和作者,再逐步引导他们感受古诗的意境。

实训

1. 小组讨论、抽签,各自找材料,选择一种类型进行应变语训练。
2. 阅读《坐井观天》教学片段,谈谈教师如何机智地采用应变语。

《坐井观天》是一篇非常有趣的寓言。凤县平木小学李静老师的案例中对教学的处理体现了她对童心的珍爱,对童趣的珍视。

师:同学们,小青蛙听到大家把井外的世界说得这么精彩,它真想跳出井口来看一看。
(出示课件:青蛙跳出了井口)说说青蛙跳出井口后,将会怎么样。
(生思维活跃,争相发言)
生:它看到绿绿的小草,还有五颜六色的花儿。
生:它看到校园里开满了桂花,闻到了阵阵花香。
生:它看到了果园里挂满了黄澄澄的梨子、红彤彤的苹果,一派丰收的景象!
生:它会到处逛逛,看看美丽的风景,看看拔地而起的高楼大厦。
(正当我聆听学生对生活的赞美之言时,一位学生忍不住叫着,他也想说说)
生:老师,我觉得青蛙有可能没有看到这么美的景色。

师：(师一愣，然后充满好奇疑惑)说说你是怎么想的。
生：它看到路边垃圾成堆，蝇蚊成群，闻到一阵阵很刺鼻的臭味。
(一石激起千层浪，学生众说纷纭)
生：它看到人们往小河里倒垃圾，河面上还漂浮着鱼的尸体，心里很害怕。
生：它看到有人大量砍伐树木，鸟儿没有了家。
生：它看到捕捉青蛙的人在大量捕捉它的同伴，并残忍地将它的同胞卖给酒店酒楼做下酒菜。
生：它看到汽车在路上疯狂地飞跑，根本就不注意行人，汽车排出的尾气让它窒息。
生：它感觉外面的世界并不像我们说得那么美，它想回到安全的井中去。
(师灵机一动)
师：那么我们能不能用什么好办法来挽留小青蛙呢？让它安心快乐地和我们生活在一起。
(学生思考片刻，跃跃欲试，兴趣盎然)
生：我们做个广告牌，上面写上"保护动物，人人有责"来告诉人们应该与动物成为好朋友。
生：发现那些乱砍树，捕杀动物的人要报警，让警察来抓这些坏人。
生：我们要保护好环境，不能破坏动物的家。
生：我们不仅自己要知道环保知识，还要向同学、家人、朋友宣传要爱护动物，保护环境的知识。
……
师：同学们说得棒极了！只要大家共同来保护环境，爱护家园，小青蛙就会被我们挽留下来，动物们才会快快乐乐地生活在我们身边！

案例分析

学习记录

任务考核

试赏析这段应变语的精彩之处：

一名学生在介绍《赤壁之战》的作者时说司马迁是宋朝人，全班同学哄笑。教师却平静地说："虽是一字之差，却让司马迁多活了一千多年，但，这能全是我们同学的错吗？谁让司马迁和司马光的名字只有一字之别，谁让他们又都是史学家、文学家，谁让《史记》与《资治通鉴》又都是史学名著兼文学名著，谁让我们刚刚学完司马光的文章又学司马迁的文章呢？"

任务评价

表 3-3-1-1　任务完成评价表

班级：_____ 姓名：_____ 学号：_____ 完成时间：_____						
任务名称：应变语训练						
评价内容与评价指标	不足之处	评价等级	评价主体			备注
^	^	^	自评	互评	师评	^
应变语分析言之有理，有理有据		优				
^	^	良				
^	^	中				
^	^	差				
总结						

反思总结

表 3-3-1-2　任务学习过程总结表

班级：_____ 姓名：_____ 学号：_____ 完成时间：_____		
任务名称：应变语训练		
类别	索引	学生总结、要点记录
知识点	一	
^	二	
技能点	一	
存在的问题记录		
反思总结		

模块四 谆谆教诲

——教师教育口语

老师和父母一样,都需要高水准的交流能力。聪明的老师对自己的用语非常敏感。他能够善解人意,在对话中传达出对孩子的尊重和理解。健康的成长来自孩子对自身内心世界的信任,通过恰当的交流,这种信任是可以逐渐激发和培养的。

——《老师怎样和学生说话》

岗位能力要求

教师要善于倾听与沟通。要与班级老师、家长有效沟通,共同促进学生发展。

思想引领

沟通能力是教师作为职业从业者应该具备的一种基本能力,体现了教师的教育智慧和素养。在开展家校合作育人过程中,教师需要与家长沟通、与学生沟通、与相关教师沟通、与学校领导沟通,甚至与社会相关部门沟通,是一个多元、多向的信息分享、梳理与交互传输的过程。教师要通过沟通,协调家庭教育中不同参与主体之间的关系,协调学校教学与家庭指导的关系,及时处理家庭教育指导过程中的矛盾与问题,其本身的复杂性与艰巨性决定了教师必须具备良好的沟通能力。

思政加油站

点 石 成 金

在一次育才学校的晨会上,陶行知校长讲了一个故事——从前有一位很有本领的人,只要他用手一指,面前的乱石立即会变成黄金。徒弟们看了又惊又喜,扑到黄金堆里去翻拣,却有一个徒弟,两只眼睛睁得大大的,紧盯着师傅点金的手指看,说:"金子虽好,但一用就完,我看中了师傅那个点石成金的指头。"讲到这里,陶校长突然停住了。学生们急于要知道故事的结局,都催促他:"校长,你快讲下去呀!"

陶校长不再讲故事,却一转话题,说:"世上有多少人被闪闪发光的金子迷惑,而忘记了点石成金的指头。同学们,你们在学校求学,可不能光想要得到老师和书本传给你们的现成知识,必须要学会寻找知识的途径和方法,这就是要有点石成金的指头,我们的国家就能一代更比一代强。"

同学们听到这里恍然大悟。从此,大家不再死记硬背,各自努力探索寻找知识的途径和方法。老师们也创造各种各样的学习条件,以及帮助学生探索学好各门学科的方法。

模块导学

要完成立德树人的根本任务,必须掌握教育口语语言的艺术,学会沟通、启迪,会表扬,会批评,能组织班队活动和对个别学生进行谈心谈话。

项目一　沟通语与启迪语训练

任务 4-1-1　沟通语与启迪语训练

任务描述

能针对不同的情境,灵活运用沟通语与启迪语,达到有效沟通和教育启迪的目的。

知识技能点

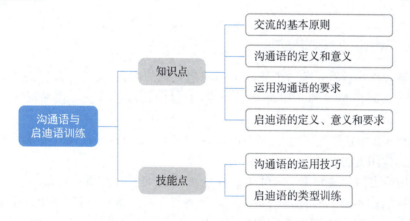

理论精粹

知识点一:交流的基本原则

交流的基本原则是就事论事,绝不攻击孩子的品行。

知识点二:沟通语的定义和意义

沟通语是在教育活动中,教师了解学生情感、需要和兴趣的语言,以及向学生介绍情况、想法,解释原因等的语言,旨在创设和谐的教育情境,建立起平等的师生对话关系,能够针对性地、有效地解决问题。尊重和理解差异的存在,促进师生的共同成长。

知识点三：运用沟通语的要求

教师首先要做到尊重学生，营造自由沟通的宽松氛围；其次要做到认真倾听，创设学生行使话语权的最佳情景；再次要表达对学生感受的认同和理解，构建师生同理心理的教育契机；最后进行有效交换，实现沟通活动的教育价值。

知识点四：启迪语的定义、意义和要求

启迪语就是教师在教育活动中用来启发学生自我教育的积极性与主动性，引导和促进学生进行感悟、积极主动进行自我教育的语言。

启迪语表现了教师对学生的尊重和信任，即相信学生有自我完善的需要，有在教师的引导下进行自我教育的能力。在教育活动中能够更好地发挥学生的主体作用，为调动学生进行自我教育的主观能动性创造了条件。

启迪语表达要求教师：首先要充分信任学生；其次要善于设置问题，引导学生愿意和你沟通；最后，在学生还没有准备好的时候，要具备足够的耐心。作为教师，要给予学生足够的时间和空间去寻找答案，尊重学生的个体差异和学习节奏，提供具体和有针对性的指导和反馈，鼓励学生自主学习和探索。

> 实践精粹

技能点一：沟通语的运用技巧

（1）了解和理解教育对象。了解是沟通思想认识的前提，是避免教育的主观性和盲目性的必经步骤。理解包含师生感情上的沟通，也包含教师对学生心理活动及发展规律的认识。

（2）缓和和化解紧张气氛。说一句轻松幽默的或者亲近友好的话语，是驱散紧张气氛、沟通双方情感的常用方法。

（3）选用恰当的句式和语气。师生是否心理相容，与教师选用的句式和语气密切相关。比如，在学生情绪冲动时，使用疑问句就不如陈述句平和委婉，反问句就更加生硬。采用开放式的沟通语言，即"什么""怎么""你的意思是……"等，少用"为什么"来询问，多用"我"开头，表达自己的感受。谈的过程中，注意还要以"好""是""原来如此"等语言，以鼓励学生继续表达。

小组讨论、抽签，各自找材料，选择一种类型，自创情景进行沟通语训练。

学习记录

_____
_____

技能点二：启迪语类型训练

1. 设问引导法
教师依据教育内容，设计出一系列问题让学生思考，启发引导他们对客观事物作出肯定或否定的评价，以促进道德情感的转换。通过自我感悟明辨是非，实现自我教育。

2. 类比启迪法
根据学生爱形象思维的特点，依据教育内容，或选择有针对性的小故事，或用生活中一些生动的例子作比方进行启迪教育。

3. 榜样暗示法
借用学生熟悉的榜样，可以是现实中的同学、社会人物，也可以书中的角色，利用榜样的正面的言行来影响启发学生，将教育者的观点隐含其中。这种方法常常运用于和一些自尊心特别强而心理又比较敏感的学生谈话中。

4. 自我反思法
教师将问题提出后，不要急于听到学生的回答，容学生事后自己思考和感悟，使学生感受到教师对自己的一种信任，可以更好地发挥自己的主观能动性，在更大的程度上实现自我教育。

实训

1. 小组讨论、抽签，各自找材料，选择一种类型，自创情景进行沟通语训练。
2. 案例分析，谈谈此案例中教师沟通语的特点。

陈楠给罗刚起外号，罗刚把陈楠的书包扔在地上，为此老师找罗刚谈话。老师对他说："一个人走路时，险被路边的石头绊了一脚，脚好痛。他生气极了，又用脚狠狠向石头踢去，你看他聪明吗？"罗刚说："傻瓜一个！""他傻在哪里？""脚已经痛了，再踢不是更痛吗？""那怎么办？""绕开走不就得了。""别人也会被绊跌跤呀，最好的办法是什么？"罗刚想了想，说："把石头搬到墙角或垃圾箱里。""对！这样做，脚既不痛，又做了好事。"

过了一会儿，沉思后的罗刚说："老师，陈楠给我起外号是错的，好比石头绊了我的脚。我扔他书包，就好像踢石头。这样既伤害了他，又伤害了我自己。我去找陈楠谈心，共同把这块'石头'搬掉！"

案例分析

学习记录

_____
_____

任务考核

1. 请阅读以下案例，并在表格内按步骤，完成沟通与设计。

林明正在打扫卫生，傅伟于是把抽屉的纸屑掏出，扔到地上让林明扫。林明很生气，捡起纸屑就塞傅伟的抽屉里，要他扔垃圾桶里，傅伟不肯扔，掏出纸屑又扔到地上，结果两个人就打了起来。

表 4-1-1-1　任务学习过程工单

班级：＿＿＿＿＿　姓名：＿＿＿＿＿　学号：＿＿＿＿＿　完成时间：＿＿＿＿＿	
任务名称：沟通语与启迪语训练	
步骤	具体内容
步骤一：了解事情的原委	
步骤二：使双方认识自身在事件中不当行为	
第三步：引导双方通过语言和动作表示和解	

2. 李小明在课桌上涂画，同桌发现了，报告了老师。老师把李小明叫到办公室准备批评。他理直气壮地说："班上又不是只有我一个人画，为什么只批评我？"他还嘀咕肯定又是同桌告的状。

请你就这个教育情景，设计与该同学谈话的启迪语，并与他人合作模拟这个谈话活动。

_____
_____

任务评价

表 4-1-1-2　任务完成评价表

班级：＿＿＿＿＿　姓名：＿＿＿＿＿　学号：＿＿＿＿＿　完成时间：＿＿＿＿＿					
任务名称：沟通语与启迪语训练					
评价内容与评价指标	不足之处	评价等级	评价主体		
			自评	互评	师评	备注
能运用启迪语，创设良好交谈氛围，达到启迪要求。善于设置问题，具有耐心，沟通顺利，促使其达到自我教育		优				
		良				
		中				
		差				
总结						

反思总结

表 4-1-1-3　任务学习过程总结表

班级：＿＿＿＿＿　姓名：＿＿＿＿＿　学号：＿＿＿＿＿　完成时间：＿＿＿＿＿		
任务名称：沟通语与启迪语训练		
类别	索引	学生总结、要点记录
知识点	一	
	二	
	三	

续表

类别	索引	学生总结、要点记录
	四	
技能点	一	
	二	
存在的问题记录		
反思总结		

项目二　表扬语与批评语训练

任务 4-2-1　表扬语与批评语训练

📋 任务描述

根据不同的情境,灵活地运用表扬语与批评语。

知识技能点

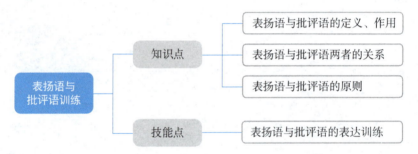

理论精粹

知识点一：表扬语与批评语的定义、作用

教育让学生成长,这既离不开表扬,又离不开批评,需要两者合理结合,而且要讲究方式方法和艺术性。只有与时俱进、因材施教、因人而异,才能够达到教育事半功倍的效果。

表扬是对好人好事进行表彰和赞扬。被表扬说明自己的好思想行为得到认可和承认,能增强自身的荣誉感、责任感。在教学工作中表扬是一种顺向激励,被表扬者获得满足,对其他人也能起到宣传、激励、激发上进的作用。

批评是对缺点和错误加以评论和指正,是一种逆向激励。对待批评要持慎重的态度,教育者本人要有威信,批评他人自己得身正为范。批评的目的是更好地帮助他人,批评者必须从关怀爱护教育对象出发,只有自己态度真诚才能唤起教育对象的主动性、积极性。

知识点二：表扬语与批评语两者的关系

毕淑敏说:"批评就像是冰水,表扬好比是热敷,彼此的温度不相同,但都是疗伤治痛的手段。批评往往能使我们清醒,凛然一振,深刻地反省自己的过失,迸发挺进的激奋。表扬则像温暖宜人的淋浴,使人血脉偾张,意气风发,产生勃兴向上的豪情。"

表扬和批评是同一强化过程的两个方面。没有表扬就没有批评,没有批评也谈不上表扬,表扬和批评是相互统一的关系。表扬的过程同时表现为批评的过程,批评的过程也同时表现为表扬。二者相互联系、密不可分。在日常生活中我们要多用表扬,少用批评,这样会形成一种良好的氛围。对于做错事的学生应该仅仅就错误进行批评,不要夸大,更不能进行人身攻击。我们要尊重、关心、信任每一个学生,有效地运用表扬与批评。

知识点三:表扬与批评的原则

表扬与批评是教师塑造学生思想和行为最常用的手段,小到一个眼神、动作,大到当众的语言表达。每个学生的人格特点不一样,一个眼神可能毁掉一个自尊心极强的学生,而疾言厉色可能触及不了一个顽固学生的内心。因此,何时何地表扬或批评,如何进行表扬与批评,其实大有学问。有时明明是一句表扬的话,若是语气、方式、场合、时机不对,也会被认为是变相的批评;而明明是一句批评的话,有时也会被认为是变相的表扬。如果我们低估了人类灵魂的复杂性,教育要么点不到位,要么南辕北辙。

首先,赞美和奖励要及时、清晰。无论什么情况下,表扬时要让孩子明白做了什么事才能受到表扬,"我这样做,所以我真棒",其他的孩子也可以向他学习。

其次,与其只夸奖他聪明,不如多夸奖他努力。很多事情看似简单却是孩子们付出了努力的结果。一幅画、一段舞蹈,孩子们的展示可能是短暂的,这背后的付出更值得赞扬。同时,这样的鼓励也让更多孩子有所启发——原来他的优秀不只是依靠聪明和天赋,还有那么多的辛苦付出。

再次,批评时让孩子明白他为什么受批评。批评时我们往往把缺点堆积起来,批评学生课堂上做小动作,也把学生作业字迹潦草不端正、体育课上与同学闹矛盾等都拿出来说一说,这样会让孩子认为自己有这么多缺点,甚至产生自我否定。因此,批评时就事论事,让他知道这件事哪里错了,为什么受批评,应该怎么改正。

最后,要坚持表扬与批评的可信性,避免言不由衷。表扬为主,批评为辅,该原则应用于个体有一定的难度,但对于全班应该可以适用。针对学生的具体行为进行评价比对学生进行综合性评价要好。引导学生将成功主要归因于努力,尽量避免归因于能力,从而培养学生的可塑心态。

实践精粹

技能点:表扬语与批评语的表达训练

1. 表扬语的表达特点

(1) 要有鼓动性。表扬性的语言,要多从正面肯定入手,以赞扬为主,从消极看到积极,透过现象看到本质,并能从眼前不利的状况预示美好的未来,这要求教师的语言必须有鼓动性,使学生受到心灵的震撼,催其向更高的目标迈进。

(2) 要有激情。教师要把学生从消极、悲观的情绪中鼓动起来,单靠说理、解惑,收效是有限的。这种时候,更需要的是情绪上的感染。因此,教师使用表扬语,必须饱含激情,用自己炽烈的情感和有力的语言来激励和鼓舞学生。

(3) 避免言过其实。表扬语的最主要的特点是由现实推断未来,再由未来激发行动。因此,教师的语言要避免言过其实或夸夸其谈,要掌握一定的分寸和火候,过高或过低地推断学生的未来,都不利于激发学生的潜力。

2. 表扬语的表达方式

教师赞扬某种美好的事物本身就是一种具有指向性的启迪和引导。善于发现学生具有的美好品质或好的变化迹象,并适时予以积极赞扬、热情鼓励,往往能使学生从中感受到温暖和关怀,从而通过积极的思考完成自我评价,增长克服困难,追求更大进步的勇气,最终将认识变为行动。因此,启发认识和鼓励行动应该并行,这样才能达到启迪教育的目的。

苏霍姆林斯基曾指出:"把学习上取得成功的欢乐带给儿童,在儿童心里激起自豪和自尊,这是教育的第一信条。"

表扬常用的话语方式有美言赞扬、忠告勉励、榜样鼓励、反语刺激等。

实训

请根据下列情境,设计一段话。

(1)"夏季到来,游泳课开始后,男生中总有一个不游泳的同学自愿为大家看衣服。女生中也有几个不游,竟找不出一个看衣服的人,推来推去,最后还是两个游泳的同学自愿牺牲一部分时间为大家效劳了。在这公与私的抉择中,不同的学生鲜明地表现出了他们不同的觉悟。"请你根据提供的情况,设计一段表扬语,用美言赞扬来激励学生。注意:这段话既要赞美做好事的同学,同时又能使私心重的同学受到一定的教育。

(2)学生毕业前夕喜欢让老师赠言留念,而一个好的赠言往往会对学生产生很大触动。请你为以下三位同学分别设计一段赠言:甲生做任何事都不专一,什么事都喜欢做,可什么事都做不好;乙生思想消极,对一切都抱无所谓的态度,平时就不愿与同学合作,更别说奉献什么;丙生成绩优异,能力强,做事积极。

注意:赠言要切合学生特点,同时又必须起到激励作用。

学习记录

_____

_____

3. 批评语的表达特点

批评语是对学生缺点、错误进行否定性评价的一种口语形式。批评主要是指出缺点和错误,总结经验教训,点明正确的做法和方向,使学生提高认识。教师要敢于批评,但更重要的是善于批评。

(1)批评既要有冷静的分析,又要有热情的勉励和殷切的期望。

(2)批评要有善意,要坚持实事求是的原则。要一分为二地看待学生,以事实服人,不能抱住任何偏见不放,更不能无限上纲和秋后算账。

(3)批评要讲究方法。能够个别教育的,就不要采取公开批评的方式;能通过暗示解决的,就不要挑明;要尽量做到硬话软说,严话宽说,以便学生接受。

4. 批评语的表达方式

批评语的表达方式是多种多样的,诸如正面交锋、以褒代贬、间接提醒、分散注意、巧下台阶、参照对比等。一般来说,分为直接批评和间接批评两类。

直接批评,即直接指出学生存在的缺点、错误,还要指出主要事实及其演变过程、错误根源、后果影响以及处理情况、要求和希望等。对于情节恶劣、性质严重的,甚至还要给予严厉的谴责。

间接批评,即不直截了当地批评当事者,而是用委婉含蓄的语言,说彼道此,话中有话,言外有音,让当事者自己去理解领悟。比起直接批评来,间接批评气氛较为和缓,尤其是具有幽默性的暗示,更能让学生在轻松愉快的氛围中幡然醒悟。

 实训

1. 请你以班主任的身份,在班级发表批评性的讲话。

   某校有个学生,平常上课不认真听讲,课后又不做作业,经常打游戏,各科成绩都很差。这次期中考试,语文考砸了,全班倒数。

   要求言辞具有震撼力,既有原因分析,又要指出改正错误的方向。

2. 请谈谈这位班主任批评方式是否正确,如果是你,会采用怎样的批评语。

   "追星"在同学中悄然兴起,已使班主任感到十分恼火了。今天,他正在讲解数学题,一个女同学却傻呆呆地望着桌上的课本出神。老师走过去一看,课本的封皮上竟贴着某某歌星的彩照。他一把夺过来,扬起书对大家说:"你们看,上数学课还在神情专注地看他!'追星''追星',越追越落后,就凭你这模样,能追到吗?"这个女生伏在桌上抽泣,其他同学都低着头。

3. 阅读下面的材料,根据要求写作。

   (1) 某部队制订了这样一个方案,对于出色完成任务的新兵,给予热烈地表扬;对于表现很差的新兵,给予严厉地批评。结果发现,新兵在受到表扬后很容易进步,而在受到批评后往往做得更差。

   卡耐基说过:"人生来就是喜欢被人称赞的,用这样的教育方式对待孩子,可以让孩子在一种轻松愉悦的氛围中健康快乐地成长,能够培养他们的自信心。"

   表扬与批评,哪种方式更利于人的成长?请根据以上材料,说一说。

   (2) 表扬与批评作为教育的两翼,对于帮助学生形成正确的是非观、价值观,塑造良好的行为习惯具有重要作用。对于表扬与批评常见的、诸如过度"赏识教育"、选择不恰当的时机等误区,结合具体案例,深入浅出,根据具体的模拟情境,谈谈作为教师应该如何使用恰当的表扬语与批评语进行处理。

问题点拨

学习记录

_____

_____

任务考核

班级的一位科任老师课上纪律要求特别严格,眼里揉不得沙子。一次,班长领了L同学进来。原因是：L同学在课堂上影响纪律,被老师赶了出来,让他去办公室里站着。L同学在教室门口不肯走,老师就让班长把他领了过来。通过询问,L同学因为没及时完成作业,就在课堂上边补作业边抄课堂笔记,由于一心两用,笔记抄得慢了,就想拿前面的同学的笔记来抄。前面的同学也正在努力地抄笔记,没有怎么搭理他,他就去抢,弄出了大动静。老师生气地批评他说:"我们班的成绩本可以更优秀的,就是因为有同学不做作业也不听讲。一定要班主任狠狠教育,不能让一只老鼠影响了班级。"L同学带着哭声跟我说:"我不是老鼠,也坏不了一锅汤。"

你如何看待这位老师的批评？如果你是这位老师,会如何运用语言的艺术来达到批评的目的？

任务评价

表 4-2-1-1　任务完成评价表

班级：＿＿＿＿　姓名：＿＿＿＿　学号：＿＿＿＿　完成时间：＿＿＿＿						
任务名称：表扬语与批评语训练						
评价内容与评价指标	不足之处	评价等级	评价主体			
^	^	^	自评	互评	师评	备注
表扬语有鼓动性、激励性。批评语有善意,讲究方法		优				
^	^	良				
^	^	中				
^	^	差				
总结						

反思总结

表 4-2-1-2　任务学习过程总结表

班级：＿＿＿＿　姓名：＿＿＿＿　学号：＿＿＿＿　完成时间：＿＿＿＿		
任务名称：表扬语与批评语训练		
类别	索引	学生总结、要点记录
知识点	一	
^	二	
^	三	
技能点	一	
存在的问题记录		
反思总结		

项目三 说服语训练

任务 4-3-1 说服语训练

任务描述
学会针对不同的情境进行说服教育。

知识技能点

理论精粹

知识点一：说服语的定义和作用

说服语是指教师在教育活动中,讲述生活的事例,说明正确的道理,影响、改变学生原来的观念和态度,引导其行为趋向预期目标的语言。说服教育注重发挥学生在教育活动中的主体作用,注重说服活动中学生对道德的认知和内化,因而是对学生进行思想道德教育的重要形式。

知识点二：运用说服语的要求

说服语发挥教育作用的前提是要学生服,这个"服"不是压服、口服心不服,而是信服、折服、心悦诚服。要到达这样的境界,就必须具备以下条件:

1. 值得信赖的人格是"最有效的说服手段"

教师良好的人格是"最有效的说服手段"。学生对教师的品格、素质和动机是否信赖,决定着说服能否成功。现代说服学有一种"寻因理论",认为被说服者总是在寻找说服者的动机,"为什么说服我""为什么这样说",被说服者总是首先从动机上理解说服行为,据此判断说服的真实用意,是善意的还是恶意的,从而决定是服从还是拒绝。在教育实践中,一个学识上为学生所推崇、师德受到学生尊敬、对学生充满爱心的教师,他的说服教育就容易为学生所接受。

2. 了解、理解学生是说服的前提

从教育活动中师生双方平等对话关系看,说服不应当是教师的"独白",而应当是师生互相影响的过程,所以说服也可以说是协商,目的是双方达成共识。要使学生被教师的"说"所"服",在"说"前、"说"中,教师必须了解说服对象的情况和心理,对症下药,也必须设身处地地理解说服对象,了解其需要和接受、理解的方式,主动采取满足其需要、"投其所好"的方式。

3. 就事论理,以理服人

说服的主要方法是摆事实、讲道理,通过就事论理,以理服人。这个"理"可以是道理、事理、思想,也可以是见解、认识。说服中的"说"不是说教、指责,而是劝说,感化,以此使学生明理、达理,最终"服"理。对学生进行说服教育时,应当根据他们形象思维强于抽象思维的特点,摆事实——多用发生在他们身边活生生的事实,以及他们了解的真实事情;讲道理——阐述深入浅出,清楚明白;讲究说服技巧,语气要诚恳委婉,语言要生动活泼、形象有趣,多用打比方、比喻、比照的形式。总之,从以感情入手,实现以理服人。

实践精粹

技能点:说服语的类型训练

1. 说服语类型

直接说服是指说服时正面摆事实讲道理,不绕弯子。

间接说服是指说服时,不正面摆事实讲道理,而是言彼意此,将道理寓于其中,让学生自己感悟,或者教师在最后点明。

2. 运用说服语的步骤

(1)调查研究,有的放矢。教师在说服之前要充分了解学生思想方面所存在的问题,分析原因,找出症结所在,想出解决的办法,然后有的放矢地向学生进行说服工作。

(2)正面诱导,以理服人。教师在说服学生时,不能用强制、压服和简单粗暴的方法,不能空洞说教,必须坚持正面诱导,启发自觉。对学生存在的问题不能夸大,必须进行实事求是的分析,帮助学生分清是非,使其心悦诚服。

(3)热情诚恳,灵活得体。教师在说服时要"一分为二",既要满腔热情地肯定他们的进步,又要善意地、耐心地、批评他们的缺点和错误,使学生感到老师对自己没什么成见,感到老师既严格又友善、温暖。对年龄、个性、心理上有差异的学生,要使用不同的教育语言,可以心平气和,以柔克刚,可以措辞严厉、单刀直入,可以迂回包抄,步步深入,使学生能够乐意接受。

(4)通俗生动,寓理于事。教师说服学生语言要通俗易懂,鲜明生动,幽默有趣。不能"官腔""大话",或者像审讯犯人那样,也不能用"套话""假话"去诱骗学生,叙事清晰。

实训

1. 请你就以下教育情景,设计与学生谈话的说服语,并进行角色扮演,模拟说服。

大课间,有个同学不去参加体育锻炼,老是趴在桌子上,邻座的同学报告了老师。老师把他叫来准备批评。他理直气壮地说:"我很累,就是不想动。"还嘀咕说,"就是某某同学打小报告!"

2. 案例分析，谈谈此案例中教师是如何说明教育的。

给孩子出道选择题

学生向老师请假去参加表姐的婚礼。老师问道："告诉老师，你去能给你表姐帮什么忙？抬东西吗？要不就是管理事情？"看着学生直摇头，老师温和地说："老师知道，去吃你表姐的喜糖是你盼望已久的事情。如果她在节假日结婚，我们不上课，能去当然好。可现在情况不同，明天数学、语文都学新课，连你们活动老师也说，明天活动课上还要搞小制作比赛。你要是不来上学，那损失有多大呀！假设你只是想去凑热闹，那太不划算了；想吃好东西，可以让你爸爸、妈妈给你多捎些回来。"学生站在老师面前，眼睛里有泪珠在滚动。"这样吧，老师已帮你把事情分析了，对你请假的事，老师不说'行'，也不说'不行'。至于怎么办，你今晚可以回家好好考虑一下。"

学习记录
_____
_____

问题点拨

任务考核

请你将下面这位老师的话设计成说服语。

寒假前，老师对学生进行安全教育。老师说："过新年，同学们会放鞭炮，但放不好就会崩瞎眼。现在一些同学开始学骑自行车，骑不稳也会摔坏头、跌断腿。谁要想试试的话，他只好做'独眼龙''铁拐李'了！"

任务评价

表 4-3-1-1　任务完成评价表

班级：_____	姓名：_____	学号：_____	完成时间：_____			
任务名称：说服语训练						
评价内容与评价指标	不足之处	评价等级	评价主体			备注
			自评	互评	师评	
设计的说服语目的明确。规劝与疏导相结合，运用恰当的说服方法。以情动人		优				
		良				
		中				
		差				
总结						

 反思总结

表 4-3-1-2 任务学习过程总结表

班级：＿＿＿ 姓名：＿＿＿ 学号：＿＿＿ 完成时间：＿＿＿		
任务名称：说服语训练		
类别	索引	学生总结、要点记录
知识点	一	
	二	
技能点	一	
存在的问题记录		
反思总结		

模块五 脱颖而出

——教师资格证与面试口语

2023年教师节前夕,习近平总书记在给全国优秀教师代表的致信中寄语,希望全国广大教师"大力弘扬教育家精神,牢记为党育人、为国育才的初心使命,树立'躬耕教坛、强国有我'的志向和抱负,自信自强、踔厉奋发,为强国建设、民族复兴伟业作出新的更大贡献"。

岗位能力要求

《中华人民共和国教师法》规定,国家实行教师资格制度。必须通过国家教师资格证考试,才能够进入教师的行列。一些岗位还需要应聘者通过教师编制考试。

思想引领

《中华人民共和国教师法》

《中华人民共和国教师法》由1993年10月31日第八届全国人民代表大会常务委员会第四次会议通过,根据2009年8月27日第十一届全国人民代表大会常务委员会第十次会议《关于修改部分法律的决定》修正。

第三章 资格和任用

第十条 国家实行教师资格制度。

中国公民凡遵守宪法和法律,热爱教育事业,具有良好的思想品德,具备本法规定的学历或者经国家教师资格考试合格,有教育教学能力,经认定合格的,可以取得教师资格。

思政加油站

大山里的一盏灯

张桂梅是一名山区基层教育工作者,坚守教育岗位40多年,她全身心投入山区教育扶贫主战场。

山区的落后刺痛着张桂梅的心,她开始意识到,帮助山区女孩获得教育,才能有效地阻断家庭的贫困。她四处奔波筹款,克服种种困难,建成了全国第一所全免费女子高中。

学校建成后,张桂梅把立德树人作为立校之本,把理想信念作为育人之基,用红色教育树人铸魂,让1600多名贫困山区女学生圆梦大学。

正是秉承着一颗仁爱之心,张桂梅"让教育走得更深更远",将一片丹心奉献给了她热爱的地方。

模块导学

教师资格证和编制考试在面试环节中都需要考核结构化问答、片段教学、说课。通过本章的学习,要掌握结构化问答、片段教学和说课的要点。

项目一　结构化问答训练

任务点 5-1-1　结构化问答训练

任务描述

熟练掌握结构化面试的语言表达。

知识技能点

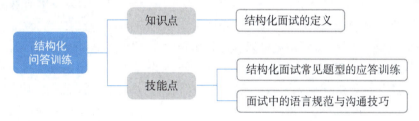

理论精粹

知识点：结构化面试的定义

结构化面试，亦称标准化面试，是由多名考官按照预先设计的一套包括各种测评要素在内的试题向考生提问，根据考生的回答，给出考生在各个测评要素上的得分的一种面试方式。

面试中，一个题目可能包括一个或者几个测评要素，考官不是按照题目打分，而是按照考生在回答问题中反映出的各种能力，也就是测评要素打分，最后将所有测评要素的得分相加得出考生的面试分数。

实践精粹

技能点一：结构化面试常见题型的应答训练

1. 职业认知能力问题

职业认知能力的测评是教师招聘面试中的一项重要能力考核，教师招聘面试的目的是考查笔试入围者是否具备新教师基本素养、职业发展潜质以及教育教学实践能力。以结构化面试的形式进行职业认知能力测评是解决这一问题的最好办法。

（1）认真解读，分清答题方向。

职业认知能力的测评主要包含两个方面的内容：一是对考生自我认知力的测评，考查的是考生对自身从事教师职业具备哪些方面的条件是否有清晰的认识，是否发自内心地将教育事业作为自己的终身追求。二是考生对教师岗位认知力的测评，考查的是考生对教师职业的性质、任务、作用和意义的认识，是否对教师职业有正确的认知，是否能清楚地了解教师工作的基本内容和职责。

比如："你为什么选择教师这个职业？""你是怎么看待教师这个岗位的？"前者属于典型的求职动机考查，是求职者对自身的认识，因此属于自我认知类题目。后者主要是对岗位认知的考查，主体是"教师岗位"，因此属于岗位认知类题目。这两类问题有着不同的答题思路，考生在回答时，一定要分清楚问题的本质，即这道题到底是考查自我认知还是考查岗位认知。回答前者这类问题，假如考生说"教师是人类灵魂的工程师，教师是最伟大的人，教师是太阳底下最光辉的职业，所以我选择这一职业"的话是得不到高分的，因为这样的答案反映的是教师的职业特性，而非考生对自己的认识，它应该是"你是怎么看待教师这个岗位的？"这个问题的答案。正确的思路应该谈自己的哪些方面的条件适合做教师或自己对教师职业的热爱。

（2）实事求是，以真动人。

如问"你为什么选择教师这个职业"，这就要真正做到"言为心声，以情动人"。考生可以说"我从小就非常喜欢教师，我发自内心地热爱教育事业，愿意为祖国的教育事业奉献自己的青春"等阐明自己的远大理想。也可以在交流中敢于承认自身的现实需求，如"教师岗位可以满足我希望获得稳定的生活，教师岗位可以满足我希望每年都能够得到较长时间的假期等现实性需求，这是我选择教师职业的因素之一……"这样的回答表现出一定的真实感。这类题目最理想的作答思路就是教师岗位既能满足基本的现实性需求，又能满足高层次的成就动机，在解决现实问题的同时，也能成就自我，实现自身价值和社会价值。这样回答才会显得真实而不流于庸俗，高大而不流于虚假。

（3）摆明身份，针对要点。

例如这样一个问题："你最喜欢的书是什么，为什么？"可能有考生会这样回答："我最喜欢的书是《假如给我三天光明》，因为这本书想象丰富，文笔流畅，但它之所以能深深地打动我，在于它真挚而强烈的感情，在这篇用第一人称写的、富有激情的作品里，作者倾诉了她对生活的礼赞，表达了她的生活态度，是作者至性真情的流露，所以虽然整篇文章都是虚拟的，所记叙的事情多是非现实的，但使读者感受到了更高的真实——情感的真实。"

这样的回答完全可以，但作为一名教师招聘面试的考生，不妨结合自己的个人喜好和岗位需要回答问题。因此，考生所选的读物要凸显教师的专业特点，符合岗位需求。依据这样的思路，这道题可以这样回答："我最喜欢的书是《给教师的建议》。读这本书使我懂得了教师的职业要长期不断地深入人的精神世界。世界上没有不可救药的孩子。教师要了解孩子身上所有的优点、缺点，甚至不良的嗜好，仔细地观察和思索这些弱点，不仅要用脑子，而且用心灵去认识它们。我们要理解儿童的行为，懂得儿童是一个在变化着的人。教师的心胸要宽广，做到把自己的心分给每一个学生，在自己的心中应当有每个学生的欢乐和苦恼。参与学生的活动，让学生感觉到老师是他们学习生活中不可缺少的一分子。懂得这些对我有很大的启发，我会带着对孩子的爱投入到工作中去。"

对于自我认知类中关于兴趣爱好类的题目，要遵循这样的原则：万变不离其宗，要紧密结合岗位需求回答问题。同时,不仅要紧紧围绕岗位来表述自己的兴趣爱好,还要在表述中凸显自己对教师岗位本身的兴趣。动机、兴趣、座右铭、难忘的经历、遇到的挫折等题目,我们都要时刻遵循岗位匹配原则并以题目主题为核心进行有针对性的回答,而与面试无关的内容,即使是我们引以为荣的优点和长处,也要忍痛舍弃。

2. 专业知识能力问题

每个学科各有其独有的特点,要想完美地回答这类问题,考生应该牢固掌握本学科的教学理论和本学科的学科知识。

语文教学中应该如何指导学生朗读?小组进行讨论。

学习记录

问题点拨

3. 综合分析能力问题

综合分析题着重考查学生分析问题、解决问题的能力,语言表达的能力和逻辑思维能力。各种事情通过种种表象展现在人们面前,但对人们最有用的是表象下面的规律,找到这些规律性的东西,也就找到了问题的解决方案。综合分析题要求考生面对纷繁芜杂的教育现象和教育观点,能够透过现象看本质,积极探索事物发展的规律,提出解决问题的建议。各种教育现象和观点的存在,往往不是独立的,而是处于整个教育教学的大环境中的,是在整个教育背景中产生的,这就要求考生在答题时一定要有大局观念,对目前的教育现象和教育观点从宏观方面总体考虑,不能就事论事。

(1) 综合分析题之教育现象类答题思路。

综合分析类面试题种类繁多,题目五花八门,但是核心的答题思路可以用八个字总结:点题、分析、对策、升华。

"点题"阶段要求考生能够充分了解题目所指内容,了解题目中的现象出现的大的教育背景,能够透过现象看本质,一针见血地提出题目所指的实质性的问题。比如下面这道"学生干部热"面试题:

近日,《北京青年报》记者对本市多所学校展开调查,发现大多数学生和家长对于"当干部"这件事十分热衷,而不少学校为了解决人人都想当班干部的局面,可谓费尽心思。有采用轮流值周当班干部的,有给班里增设"门官""灯官"各式新"官职"的,还有的大费周章,用"总统选举"的方式来选拔学生干部。

这道题就不仅仅要求考生针对学校的做法谈看法,还要求考生进一步认识产生此现象的原因,认识这种现象的本质。需要考生旗帜鲜明地表明自己的观点和看法。

"分析"阶段要求考生对自己的观点从多角度、多层次进行分析。考生可使用主体分析法进行分析,即从学生、家庭、学校、社会、国家五个角度分析产生这种现象的原因,这种现象对教育教学的影响、对学生的影响等。

"对策"阶段要求在找到现象背后的原因后,给出切实可行的对策,唯有解决了这个问题才能凸显一名教师解决问题的能力。

"升华"是对全部答案的总结及升华,考生可联系自身情况表态,说明作为一名教师应怎样办,又或者说在以后的工作中应当如何避免等。

在作答综合分析类面试题时,理清答题思路是答好题目的关键所在。

如何看待上述"学生干部热"的现象?小组进行讨论。

学习记录

（2）综合分析题之教育名言警句类答题思路。

这一类考题大部分考生感到有相当大的难度。如何回答此类题目呢?考生首先要承认这样一个事实,那就是,既然是名言警句,那么它一般是正确的。我们可以分为以下三步来回答:①正确诠释名言警句的含义并进行肯定;②说明这句话为什么是正确的,用事实证明,也可以讲道理证明;③联系实际,充分说明这句话在工作中的指导意义。

你赞同"学生自己管理自己"的观点吗?小组进行讨论。

学习记录

4. 计划组织、管理协调能力问题

教师招聘结构化面试过程中,计划组织、管理协调类题是常考题型之一。该题型主要考查学生的计划组织和管理协调能力。一般来说,参加教师招聘面试的考生将来都有可能从事班主任工作,而班主任工作最强调的就是处理和解决实际问题的能力。所以,计划组织、管理协调类题目的重要性可见一斑。计划组织、管理协调类题目的考试内容主要分为班级活动类问题和课堂管理类问题。

（1）班级活动类答题策略。

班级活动又可以分为班会组织、班级比赛活动的组织、节日庆祝活动的组织等。考生在回答这类问题时,可以从以下三方面进行考虑:①活动前的准备工作可以从活动主旨、人力、物力、场地、活动顺序等方面考虑。②谈一下活动中需要注意的事项,活动中的注意事项可以从不同的参与者的角度来考虑。③活动后进行总结反馈。

实训

学校要求召开家长会,作为班主任,你准备怎么组织?小组进行讨论。

学习记录
_____
_____

问题点拨

（2）课堂管理类答题策略。

每一位教师在具体课堂授课过程中都要面对课堂管理。课堂管理是教师对课堂的整体把握,是保证教学过程顺利不可或缺的因素,此类问题设置的情境多是在课堂教学过程中发生的,关于这一点考生一定要注意到,因此在回答说明如何管理时,应注意和课堂教学联系起来。这类题的答题思路一般是这样的：

①控制局面或冷处理；②分清轻重缓急（一般情况下,保证课堂教学是主要目的。特殊情况下,学生的尊严是主要的）；③课后针对具体事件进行处理；④事后反省（反省的内容应该多放眼于课堂的趣味性、教学活动的可参与性）。

 实训

在你上课时,两个学生在传纸条,你怎么办?小组进行讨论。

学习记录
_____
_____

问题点拨

5. 人际沟通能力问题

人际沟通类考题的出题范围是从事教师工作所必须面对的人际关系,主要是指处理老师和学生、家长、同事、领导的关系。所有的沟通类的问题都要遵循这样的思路：

① 冷静对待。对待教育教学中出现的人际关系问题,首先要做到冷静对待,保持清醒的头脑,避免人际关系进一步恶化。

② 换位思考。人际关系不理想的情况,往往是当事人各自站在自己的角度思考问题造成的,应该学会换位思考。

③ 多向沟通。矛盾产生的另一个原因是误解,是人和人之间缺乏必要的沟通造成的,这样的问题只能靠多向沟通才能解决。

④ 认真反思。及时地进行反思,分析事情发生的原因,是否是自身的原因,如教学中的失误、教学管理有失公正等。

⑤ 扬长弃短。解决事情之后,要总结经验教训,自我反省,在今后的教育教学工作中避免类似的错误。

另外，在处理人际关系的时候，考生还应该了解和不同对象的沟通技巧。在和学生沟通时要建立平等的师生关系；面对家长时要热情，交谈要细致耐心；对同事要尊重，多请教，注重团队合作，懂得分享；面对组织的决定，要尊重上级的想法，领导有错切勿当众指出，要在合适的时间采用提建议的方式指出。

 实训

有家长到学校找到校长投诉你，认为你教得不好，你会怎么办？小组进行讨论。

学习记录

问题点拨

6. 应变和自我控制能力问题

应变和自我控制类的题多考查考生的教育机智，教育机智的来源有三个——考生具有良好的发散思维、考生具有丰富的教育教学经验、考生具备新课程理念。解答这类题可以从以下方面进行思考：

①对学生要给予充分的尊重；②将问题交给学生自己解决，充分发挥学生的潜能；③事后反思，总结经验教训。

 实训

新学期开学，你在点名时读错了其中一位学生的姓名，引得全班同学哄堂大笑。作为刚接手新班级的班主任，请问你怎么办？小组进行讨论。

学习记录

问题点拨

7. 时政热点与教育政策问题

这类考题主要针对国家层面已经颁布实施的教育政策、教育法律法规，党和政府明确表示提倡、支持、要求的做法、行为等，各级领导干部有关教育的讲话、指示、要求等，请考生说说个人的看法。

答题思路主要是：第一，总体认识。开篇点题，阐述政策热点所处的环境、背景、形势，之后表达自己所持的态度。第二，具体分析。通常从原因、影响、意义、价值、对策等方面加以阐述，细化展开。第三，总结升华。考生联系政策理论，结合自身报考岗位，展望未来方向进行结尾。

实训

教育部印发《新时代中小学教师职业行为十项准则》，提出倡导希望，划定基本底线。对此，谈谈你的看法。小组进行讨论。

学习记录

_____

_____

问题点拨

技能点二：面试中的语言规范与沟通技巧

教师招聘面试中，考生和考官之间的沟通主要是靠语言来进行的，因此语言沟通技巧在面试中占据着很重要的地位。面试中语言技巧使用的优劣，直接反映了考生的知识和修养。良好的语言表达技巧会推动面试的顺利进行，协调考生与考官的沟通，使考官能够全面了解考生的能力和素质。下面我们介绍一些面试实战中的语言技巧，以促进考生与考官良好的沟通。

1. 合理使用"我"字

在面试中，考生会极力向考官推荐自己，"我"适合这份工作；"我"毕业于某某学校等。心理学家告诉我们，多数人既有展示自我的欲望又有不愿意做别人的观众的心态，因此在考生痛快地使用"我"字的时候，考官可能已经厌烦了。应适当减少"我"的使用频率：①可以变单指的"我"为泛指的"我们"；②对"我"字作修饰和限定，如"拙见""我个人的看法"等；③在符合语法的情况下省略主语"我"，如将"我认为这是一次成功的运作"省略主语"我"变为"这是一次成功的运作"。另外，使用"我们"的替代语，如"大家"等，以转移"我们"的语义积累作用。

总之，除了在明确主体、承担责任的语义环境下，应慎用和巧用"我"字。

2. 注重发表意见的技巧

在面试中，针对某一教育问题，考生能否发表合理的、深刻的、有建设性的观点，是面试中一项常规的而且是重要的测评项目。为了争取考官的认可，考生除了要具备真才实学以发表真知灼见外，也要掌握表达自己观点的技巧，来促进考官对自己观点的理解和接受。

表 5-1-1-1　面试沟通技巧

注意事项	具 体 要 求
保持与评委及时沟通	1. 发言时，一定要密切观察评委的反应。评委未听清楚，要及时重复 2. 评委表示困惑，要加以解释或补充说明 3. 评委流露出不耐烦的情绪，自己要主动结束话题，而不要等到被打断
尊重评委意见	1. 允许评委提出与自己相反的意见，并且虚心倾听，真诚请教 2. 若经过讨论仍坚持自己的观点，也要有理有据，并且不要明确否定与批判评委的意见
直接表达观点	当问题属于中性或不易引起争论时，可直接坦率地提出自己的观点
委婉证明观点	1. 当自己的观点不易被接受时，可以使用"层层递推法"和"反证法"来证明自己的观点，因为人们反对错误的观点往往比接受正确的观点更容易 2. 当你提供了详实的论据来支持自己的观点，而不是仅提供自己的主张时，你的观点就更容易被接受

3. 作恰当的解释

解释是面试中常用的表达方式。解释的目的是将考官不明白或不了解的事实、观点说清楚，或是阐释某件事的原因，或是及时澄清考官的误解。解释本身不难，但要使自己的解释达到预期效果，这就需要一定的原则和技巧了。

（1）态度端正。

考生在作解释时，不能因为考官要求你解释的问题太简单而表现得不耐烦或自傲。很多时候，考官并不是真的不懂或没听清，也不是想搞清楚你到底懂多少，而是考查考生会不会解释。考生也不能因为自己被误解或自己的回答被怀疑，需要作出解释而感到委屈和不满。考生在作解释时必须态度诚挚，用富有情感的语言来说明问题。

（2）具有针对性。

正确理解考官的疑问，有针对性地对考官的问题进行有效的解释，切忌答非所问。必要的时候也可以适当使用间接解释，即以第三者的角度去解释。引用第三者的身份进行解释，将会增强自己解释的客观性和说服力。

（3）有理有据、实事求是。

解释其实就是阐明论点和论据。在确凿的证据和一定的逻辑推理的支持下，考官将很容易接受考生的解释。解释时不宜寻找借口，强词夺理，更不能巧言令色，凭空编造。该解释的，就讲明客观原因，表明自己的态度；不该解释的，不要乱加说明。考生若有不便直说或不愿在考场表露的，可以如实向考官说明并请求他们的谅解。

4. 提升面试语言的逻辑性

考生的发言需简洁、精练，谈吐流利、清楚，以中心内容为线索，展开发挥。考生不要东拉西扯，将主题漫无边际地外延。为了突出自己的中心论点，考生可采用结构化的语言。回答问题时，开宗明义，先作结论，然后再叙述和论证，条理清晰地展开主要内容。当然也要避免议论冗长。

（1）避免表达模糊不清和产生歧义。

面试回答中如果没有事先交代，不要使用简称或把一些名词进行简化，否则很容易让考官误解或使考官觉得模棱两可。

（2）前后指代清楚。

口语不同于书面语，后者可以大量使用代词，读者有足够的视觉空间容纳上下文，因此，代词使用得多也没关系。而口语速度快，如果代词用得太多，考官难以根据上文来分清指代关系。尤其是"他""她""它"在口语中是分不清的，因此考生在考场上为了避免指代不清造成的误解，可以少用人称代词，能用姓名的地方尽量用姓名。

（3）避免使用语义含糊的词语或句式。

有些词语本身就语义含糊，一些句式也是这样，如"可能""也许""如果必须得出结论的话……"等，在面试时应注意避免。

（4）可以在话题末尾作一个小结。

对于一些时间、空间、逻辑结构不明显的叙述或较长的一段话，考生可以在结尾言简意赅地作一个小结，给考官一种清晰、完整的感觉。

5. 加强语言的说服力

面试是考生说服考官录取自己的过程，同时也是让考官信服自己的过程。在这个过程中，考生要通过肢体语言、口语等各种方式向考官展示自己的个人能力。首先，考生要真正做到尊重考官。考官觉得你是尊重他的,才会愿意接受你的观点和看法。尊重考官表现在实际行动中,比如与考官的眼神交流,不要打断考官的问话,记得随时和考官说"谢谢"等。其次,在接受考官的观点的基础上,委婉地提出自己的观点。不要固执己见,应该允许考官提出相反意见并虚心倾听,真诚请教。最后,有逻辑地陈述观点,表达清晰,让考官正确理解你的思想,这是使语言具有说服力的根本保证。

实训

1. 你最喜欢的教育家是谁,为什么?小组进行讨论。
2. 作为语文老师,你认为如何才能生动活泼地传授知识?小组进行讨论。
3. 假如你正在讲课,突然两位学生在课堂上打起架来,作为老师的你该怎么办?小组进行讨论。
4. 你的学生当面指责你不公平,你会怎么办?小组进行讨论。
5. 学校同事关系比较复杂,新入职的人该怎么办?小组进行讨论。

学习记录

_____
_____

问题点拨

任务考核

一个教育家说过"教师要认识学生,要学习学生",对这种说法你如何看?

任务评价

表 5-1-1-2 任务完成评价表

班级:_____ 姓名:_____ 学号:_____ 完成时间:_____						
任务名称:结构化问答训练						
评价内容与评价指标	不足之处	评价等级	评价主体			备注
^	^	^	自评	互评	师评	^
冷静面对、思维灵活,语言组织能力强,表达顺畅		优				
^	^	良				
^	^	中				
^	^	差				
总结						

反思总结

表 5-1-1-3　任务学习过程总结表

班级：＿＿＿＿ 姓名：＿＿＿＿ 学号：＿＿＿＿ 完成时间：＿＿＿＿			
任务名称：结构化问答训练			
类别	索引	学生总结、要点记录	
知识点	一		
技能点	一		
	二		
存在的问题记录			
反思总结			

项目二　片段教学训练

任务点 5-2-1　片段教学训练

任务描述

掌握片段教学的方法,并能流畅地进行现场教学。

知识技能点

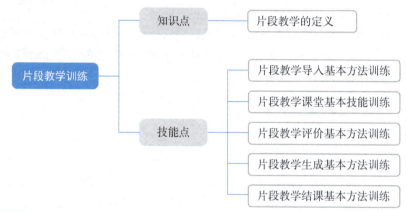

理论精粹

知识点：片段教学的定义

片段教学是根据一定的目的,选取重点的教学内容,教师在一定的时间内,运用自己的教育教学理解力,统整目标、资源、媒介、学生及教学法等为一体,完成一个完整的教学片段设计并进行模拟性的、虚拟性的教学。在这一片段教学中力求展现出教师先进的教育教学理念、基本教学技能、学科专业素养及指导学生的学习过程和学习效果等。

一般说来,片段教学可以是一篇课文中的某个段落,也可以是给出一个课题,让教师进行自主构建教学,时间大致限定在 10—15 分钟。也就是说,片段教学只是教学实施过程中的一个断面,执教者通过模拟师生角色,完成指定的教学任务,来表现自己的教学思想、专业素养、教学能力和教学基本功。

实践精粹

技能点一:片段教学导入基本方法训练

基调是一首曲子的灵魂,同样地,也是一节课的灵魂。导入就是为课堂学习打下基调,铺上底色。一个恰到好处的导入,就像一次精彩演奏的第一个音符,也像一篇好的文章的开头,能引人入胜,激起先睹为快之感。课堂学习,尤其是课堂导入一定要内在地激发学生多种学习动机,从而成为点燃学生学习的第一支火把、第一台发动机。

方法一:巧用图画导入

> **典型案例**
>
> 特级教师于永正《惊弓之鸟》的教学片段。
>
> 师:小朋友,我在黑板上画一样东西,你们看这是什么?
>
> (老师用彩色粉笔在黑板上画了一张弓)
>
> 生:老师画的是一张弓。
>
> 师:这叫什么呢?(指弦)
>
> 生:这叫弦。
>
> (老师又画了一支箭,学生作了回答)
>
> 师:大家知道有了弓,有了箭,才能射到鸟。可是古时候有个人只拉弓不射箭,就能把大雁射下来,这是怎么回事呢?今天,我们学习第十课《惊弓之鸟》,学了这课就明白了。
> (老师板书"惊弓之鸟")
>
> 小组讨论本次课导入的好处。如果是你,你将如何导入?
>
> **学习记录**
>
> _____
> _____

问题点拨

方法二:激趣谈话导入

> **典型案例**
>
> 某位老师《海底世界》的教学片段。
>
> 师:广阔的天空,蔚蓝的海水,这就是大海留给人们的印象,然而西沙群岛的海却不仅如此,因为它是五光十色的,如一匹巨大的七彩锦缎铺展开来,让人看一眼就再也不舍得离开。今天,让我们来到西沙群岛,踩着它那松软的沙滩,去探寻属于它的那份美丽和富饶吧!同学们,来到这里你最想做些什么?
>
> 生1:我最想到海滩上去捡起贝壳。
>
> 生2:我想到海上去坐快艇。
>
> 生3:我最想到海底去看看海里的生物。
>
> 师:同学们,就让我们踏上海底的神秘之旅吧!怎样才能了解到海底世界的景色呢?

生:可以看看书中是怎样写的。
师:那么,同学们赶快打开书,去看看书中是怎样写的吧!
小组讨论本次课导入的好处。如果是你,你将如何导入?

学习记录

_____
_____

方法三:模拟情境导入

某位老师《中彩那天》的教学片段。

师:大家见过彩票吗?(出示实物,并让学生懂得什么是彩票、存根、号码)如果所买奖券号码跟抽奖出来的号码相同,可以获得奖金或奖品的就叫"中彩"。(出示汽车模型)这是一辆汽车模型,大家喜欢吗?在我们上新课之前,老师准备进行一个小型的抽奖仪式,而这辆模型汽车将作为奖品送给我们其中的一位幸运儿。现在,就以大家的座号作为兑奖号码,我们的抽奖开始!

(屏幕显示学生座号——颁发奖品——让学生谈谈中彩后的感受)

是不是每个中彩的人都会这样惊喜的呢?今天我们学习的课文就叫《中彩那天》(板题)。注意读准第一个字"中"。(生齐读题)

小组讨论本次课导入的好处。如果是你,你将如何导入?

学习记录

_____
_____

方法四:激趣引思导入

典型案例

某位老师《陶罐和铁罐》的教学片段。
师:小朋友,我们来做几道数学题。
(学生愕然:上语文课,做数学题?)
师:请同学们仔细看看,能发现什么问题?
(课件出示如下)
$1+8=9$　$2+7=9$　$3+6=9$　$4+5=9$
$6+3=9$　$5+3=9$　$8+1=9$　$7+2=9$
生:老师,有一道题错了,$5+3$不等于9。
师:你的眼力真厉害!请问,你为什么不说七道题做对了,只有一道题做错了呢?

生1：错误容易被人发现。

生2：我们在做数学题时习惯找错误。

生3：别人的优点不易被自己注意,善于发现别人的不足可能是一种习惯。

师：(满面笑容)实话实说,很好。

生：噢。老师,我知道了,你出这样的题目是不是跟我们今天要学的课文《陶罐和铁罐》有关呢?

师：你怎么知道的?请说说。

生：课文里铁罐只看到自己的长处,看不到自己的短处。

师：(鼓掌)你真聪明,预习得也不错。它们结果怎么样了呢?

生：陶罐出土成为文物,铁罐却化为泥土。我们应该懂得发现别人的长处,正视自己的短处。

小组讨论本次课导入的好处,如果是你,你将如何导入?

学习记录

_____

_____

方法五：联系生活导入

典型案例

某位老师《科利亚的木匣》的教学片段。

(课前布置学生带自己的成长记录册或小时候的照片)

师：有没有同学带来自己的成长记录册?(翻开印有出生时孩子小手印、小脚丫的一页)大家看,这是王平同学出生时手和脚的样子。现在请他用手比一比。同学们发现了什么?

生1：他的手长大了,都是当时的两三倍了。

生2：刚出生时我们特别小。

师：大家再看看自己小时候的照片,又发现了什么?

生：我们在慢慢地长大,我们的身体在不断地变化。

师：对! 不仅你们在一天天长大,很多事物也都在时时刻刻变化着。你们看,我们开学时种的花已经开了,校园里的树木长高了。孩子们,随着时间的变化,我们周围的一切都在发生着变化。今天,我们要学习的《科利亚的木匣》就是告诉我们这个道理的。

小组讨论本次课导入的好处。如果是你,你将如何导入?

学习记录

_____

_____

方法六:运用音乐导入

特级教师孙双金《只拣儿童多处行》的教学片段。

播放乐曲《春天在哪里》,师生跟着音乐同唱乐曲。

师:春天来了,你们想到哪儿去找春天呢?

生1:我想到公园去找春天。

生2:我想到野外去找春天。

生3:我想到草原上找春天。

生4:是的,去广阔的草原上找春天。

生5:校园的花圃里。

师:春天到了,我们都想找到明媚的春天。古代有个大诗人,写了两句诗,就是讲儿童找春天的:"儿童不解春何在,只拣游人多处行。"

师:谁来猜一猜,这两句诗的意思是什么?猜对了表扬,猜错了也表扬你的勇气。

生:儿童不知道到哪去找春天,只知道到游人多的地方去找。

师:真棒!一起读一读。

师:你们比古代的人聪明。不仅儿童喜欢去找春天,大家都想去找春天。我们的冰心奶奶也要去找春天,冰心奶奶把这两句诗改了一下,读。

师:冰心奶奶怎么说找春天的呢?"游人不解春何在,只拣儿童多处行。"

师:为什么只拣儿童多处行呢?今天我们来学习一篇课文,《只拣儿童多处行》。

小组讨论本次课导入的好处。如果是你,你将如何导入?

学习记录

_____

_____

技能点二:片段教学课堂基本技能训练

1. 片段教学提问基本方法训练

苏联著名的教育家阿莫纳什维利在《孩子们,你们好!》一书中写道,我将遵循的一条箴言:教师向儿童发问的问题,这不仅是教学法的,而且也是整个教育学的细胞。如果能够把它放在显微镜下仔细观察一下,就可以从中认清整个教学过程的方向、师生关系的性质;也可从中认清教师自己。可以这样说,问题决定了课堂思维的品质,决定了学生学习生活的幸福指数。有没有让学生对课堂生活心向往之,对学习活动喜不自胜,对智力活动兴致勃勃,在很大程度上就是取决于课堂教学的问题设置。

下面,结合具体案例,介绍几种常用的提问基本方法:

方法一：小处见大

> **典型案例**

特级教师武凤霞《生命 生命》的教学片段。

扫码阅读

小组讨论本次课如何以小见大进行提问。请理清思路并写下来。

学习记录

_____

_____

方法二：引导比较

> **典型案例**

某位教师《彼得的账单》的教学片段。

师：读了彼得和妈妈的两份账单，请大家仔细比较一下，有哪些不一样。

生：彼得做每一项都要报酬，妈妈做每一项都不要报酬。

师：说得很好，看出来了，"报酬要与不要不一样"。请你把这个发现写在黑板上。

生：我觉得这些事儿大小也不一样。

生：彼得要报酬的都是小事儿，如"把挂号件送往邮局"这算什么；可妈妈不要报酬的都是大事儿，如"生病中的护理"……

师：有道理。你说的是"事儿大小不一样"，也请你把这句话写上去。

生：我还发现，彼得做的事花的时间都很短，可妈妈为彼得做的事，花的时间都很长。

生：像"取回生活用品"，一下子就拿回来了，十来分钟的事儿；可妈妈给彼得的吃喝，是"十年中的吃喝"，这是不一样的。

师：真棒，又有了新发现"花的时间长短不一样"，好，你也把这句话写上去。你还发现什么？

生：我觉得两个人的思想不一样，彼得为自己做事也向家里要报酬，如"在花园帮助大人干活""取回生活用品"，这也是他自己的事儿呀，可都要钱。妈妈做的事许多都是为彼得的，都不要钱。

师：这个发现更重要，"两人的思想不一样"，请你把这个重要发现也写上去。

这一比较，归纳出了四个"不一样"，学生解读课文就有了深度，这个深度不是深不可测，而是学生"跳一跳"，可以"摘到的果子"。

小组讨论本次课如何引导比较进行提问的。请理清思路并写下来。

学习记录

_____

_____

问题点拨

方法三:以一引十

典型案例

特级教师王崧舟《草船借箭》的教学片段。

扫码阅读

小组讨论本次课如何以一引十进行提问。请理清思路并写下来。

学习记录

_____

_____

问题点拨

方法四:步步引导

典型案例

特级教师窦桂梅《落叶》的教学片段。
师:我知道有的同学到过北京,说说你到过哪些地方。
生:故宫、天安门……
师:有哪个同学到过香山公园。(学生没有举手的)那好,咱们现在就出发。
(播放课件:香山美景,同时引背《山行》)
师:是啊!这枝叶把香山打扮得怎么样?用一个字、一个词、一句话来形容你们自己的感受。
(生回答:美丽、漂亮、壮观,我太喜欢这里了,这里太美丽了……)
赏析:师生共赏香山美景,在孩子们心中悄然播下了情感的种子。
师:好美呀!这树叶随着风,就会变成——
生:落叶。
师:我们就工工整整地写下来吧。
(和学生一起书写)
小组讨论本次课如何步步引导进行提问。请理清思路并写下来。

学习记录

方法五：以问导问

典型案例

特级教师支玉恒《放弃射门》的教学片段。

师：同学们已经读过了课文，请你们再次默读课文，读自己印象最深、体会最深的部分，准备说说自己的想法、感受、体会或疑问。

生：我觉得福勒很笨，他不仅放弃了辉煌，还让裁判收回成命。

生：福勒为什么放弃射门，是因为他知道友谊第一，比赛第二。

生：福勒为什么不向左轻轻一拨？

生："精妙绝伦"是什么意思？

（学生的感悟是浅层次的，问题也大多局限在词句的理解上）

师：有没有其他问题？（无人举手）

师：同学们注意到没有？课文中说每一位足球队员在场上都会捕捉机会，竭尽全力去冲击对方的球门，而福勒在关键时刻却放弃了射门。文中有许多像这样违反常规的地方，大家能不能从这些地方提些问题呢？

（学生埋头潜心阅读，过了几分钟开始有人举手）

生：西曼明知道这一扑有极大的危险，还可能被罚点球，他为什么还是奋不顾身地扑了上去？

生：福勒已经完成百分之九十的破门动作，如果出脚踢中西曼，责任都在西曼，福勒为什么要将脚收回来呢？

生：每一场比赛中，裁判都可以收回成命吗？

生：福勒为什么罚了一个"温柔"的点球，而不把点球罚进去？

生：将西曼罚出场外，福勒应该感到庆幸，他为什么要向裁判再三解释？

生：为什么说这是一个戏剧性的场面？

生：福勒故意将球踢给西曼，西曼脱手了，福勒的队友为什么又将球送进网底呢？

生：什么叫"人性美"？

小组讨论本次课如何以问导问进行提问。请理清思路并写下来。

学习记录

方法六：拟境设问

> **典型案例**

特级教师于永正《翠鸟》的教学片段。

师：我知道同学们都非常喜爱翠鸟，你们想不想当翠鸟？
生：想。
师：我是世界绿色和平组织的成员，想采访你们，写一篇关于翠鸟的报道，让全世界的人民保护你们。你们愿意接受我的采访吗？
生：愿意。
师：你们的声音那么好听，怎么回事？书上怎么说的？
生：我们鸣声清脆。
师：大家叫叫我听听。（学生高兴地学着鸟叫）
师：你们的嗓子那么好，给我唱一支人类的歌曲好吗？哪个翠鸟愿意唱？
（生唱：天晴朗，兰花朵朵绽放；闻花香，想起我年幼时光……）
师：果然名不虚传。听说你们有个外号叫"叼鱼郎"，捉鱼的本领很强，谁愿意介绍一下你们是怎样捕鱼的？
生：停在苇秆上，一动不动，等待小鱼露出头，像箭一样飞过去，叼起小鱼。
师：为什么一动不动？
生：怕惊动小鱼。
师：有什么证据说明你们飞得快？
生：蹬开苇秆，像箭一样飞过去，叼起小鱼，贴着水面往远处飞走了。只有苇秆还在摇晃，水波还在荡漾。
师：各位翠鸟，我想到你们家做客，树上找不到，草丛中也找不到，你们的家在哪里？
生：沿着小溪上去，在那陡峭的石壁上。洞口很小，里面很深。
师：通过采访，我打算把你们写一写，介绍给全世界的人们，有现成的文章吗？
生：有。
师：谁能声情并茂地读给我听听？请同学们再认真练习诵读。

小组讨论本次课如何拟境设问进行提问。请理清思路并写下来。

学习记录

_____

_____

黑格尔说："怀疑是安宁的反面。"教学时教师应利用学习情境中蕴含的矛盾，精心布疑设障，让学生意识到"冲突"，产生问题，这就能打破学生认知上的自足与平衡，使之产生追本溯源的欲望，在一潭死水似的课堂上掀起气象万千的波澜。学生经历过"山重水复疑无路"的困惑，才能体验到"柳暗花明又一村"的乐趣。

技能点三:片段教学评价基本方法训练

德国著名的教育家第斯多惠意味深长地写道,教育的原理就是激发的原理,教育的艺术就是激发的艺术。课堂评价就是对激发教育理论的细致入微的实践。灵动有效的课堂评价语言,是点燃学生智力生活的一粒独特的火花,是学生融入课堂生活源源不断的动力。多姿多彩、恰如其分的课堂评价语言是触抚、涤荡学生心灵的一溪活水。下面,结合案例,谈谈片段教学评价的基本方法。

方法一:因材施教评价

特级教师吉春亚《和时间赛跑》的课堂评价。

小组讨论本次课如何因材施教进行评价。请理清思路并写下来。

学习记录

_____
_____

方法二:幽默趣味评价

特级教师于永正《庐山的云雾》的课堂评价。

小组讨论本次课如何幽默趣味地进行评价。请理清思路并写下来。

学习记录

_____
_____

方法三：哲思诗意评价

> **典型案例**

特级教师窦桂梅《秋天的怀念》的课堂评价。

"善意倾听,把获得的信息作为自己的财富!"

"孩子,我理解你,口误是正常的。你再来念一下。"

(一学生读时缺少激情)"别藏在心底,要活出热情!"

"每个人有每个人的理解,每个人有每个人的感受。怎么个有感情,谁也说不清楚。这位同学说得很好,读出自己的韵味。"

"学语文,学习听话听音,刚才她说——"

(一学生起立一时回答不出)"不说也行,藏在心里吧。就像那落叶随地飘落……"

"能结合课文内容去想,很会学习。"

"语文的学习光感动不行,还得读出思考,这是我们语文最重要的落脚点。"

"母亲的这两个字化作了心中的信念,母亲的这几个字——好好活,借了儿子一生,成就了儿子一生。啊,我怎么能不怀念!"

"我听出来了,人生有酸、甜、苦、辣,这点痛算什么。"

"老天让你怎么活,那是你的命,你让自己好好活,那是你的运。命是'人'的撇,运是'人'的捺构成'人'……"

小组讨论本次课如何运用哲思诗意进行评价。请理清思路并写下来。

学习记录

_____

_____

问题点拨

方法四：师生互动评价

> **典型案例**

特级教师孙双金《天游峰的扫路人》的课堂评价。

师:哪一段写游人爬天游峰的? 你读一读。

(一生读)

师:你找得准,但听你的朗读,爬天游峰是悠哉悠哉的。谁能让我听了他的朗读能听出爬得累?

(一生读)

师:你听他读,好在哪儿? 顶天立地——高,900多级,900多级,1 800多级——台阶真多,气喘吁吁,大汗淋漓,也读得好,给你打99.999分,这0.001分扣在哪儿?

生:要稍慢点。气喘吁吁,大汗淋漓,气喘得厉害,要慢些。

(生读此句)

师:容易吗? 不容易。谁来挑战? 读得比他还好。

（生读此句）

师：听他这么读，我心里也痒痒的，也想读一读。给我打多少分？（生笑）我读了你们也要读。（师读，掌声）给我打分。

生：99.99的循环。

师：为什么扣我一点点？

生：不知道。

师：讲不出理由，我不接受。

生：省略号要停两拍，显示老人很累。

生：应该不止一处重读："顶天立地、气喘吁吁、大汗淋漓、甚至、望而却步、半途而返""倒抽了一口气"要很轻。

师：听你们这么一说，我接受。拜你们为师，你们都是我的小老师。

小组讨论本次课如何通过师生互动进行评价。请理清思路并写下来。

学习记录

方法五：结合具体感受评价

典型案例

特级教师王崧舟《圆明园的毁灭》的课堂评价。

"一座圆满无缺的园林，一座光明普照的园林被英法联军毁灭了。一起读课题——《圆明园的毁灭》。"

"这种强盗的行径……那是他们的耻辱，你有国际眼光！"

"老师发现你读这句话双眉紧锁。锁在你心头的是你心中的仇恨！"

"凝重的神情足以表达你心中的感受！"

"两个'不可估量'，一字一顿的，表达了你的痛惜。"

"好一双敏锐的眼睛，你从'各地名胜'四个词体会到无数'有'。""你的话进一步丰富了我们对圆明园的理解。谢谢！"

"听了他的朗读，我仿佛看到了一个年迈的老人拄着拐杖，在园里优哉游哉。"

小组讨论本次课如何结合具体感受进行评价。请理清思路并写下来。

学习记录

方法六:循序引导评价

典型案例

特级教师王文丽《锡林郭勒草原》的课堂评价。

北京特级教师王文丽在给三年级的孩子上《锡林郭勒草原》时,刚开课不久,王老师叫同学们读课文,如果对哪部分感兴趣,就多读几遍。学生读后纷纷举手。王老师走到一位低着头、未举手的女生前轻声地问道:"你为什么不举手?"小姑娘说:"我有点紧张。""读书就不紧张了,能试一试吗?"小女孩望着老师不吱声。王老师扶着她的肩膀,轻声地说道:"我给你起个头,能读吗?"小女孩说:"能。"于是王老师起了头。小女孩开始小声地读,越读声音越大,越读越流利。待她顺利地读完后,王老师问她:"你现在还紧张吗?"小女孩答道:"不紧张了。"王老师又问:"你知道你在多少人面前读书吗?""不知道。""我告诉你吧,你在四千多人面前读书,多不简单啊。回去告诉你爸妈。你敢当着四千多人的面前读书。多么了不起,多么自豪,多么骄傲啊!"小女孩的脸上渐渐浮现出了笑容。

小组讨论本次课如何循序引导进行评价。请理清思路并写下来。

学习记录

问题点拨

_____
_____

技能点四:片段教学生成基本方法训练

生成是一种关注人的思维方式,生成是人的生成。恰如德国著名哲学家、人类学家兰德曼所说:"人实际上处于一种不断'生成'的状态中,人的一生就是一个不断生成、超越的过程,一个不断迈向未来的开放性生成的过程。"课堂纷繁复杂、变动不居,它并不像工厂的生产流水线那样呆板,它是一个富有变化的动态生成系统,是一个不断前进发展的环境。因为我们面对着的是一个个充满灵性、个性鲜明的学生,是一个个具有"生成欲望"与"生成潜能"的孩子。在教学中,我们要引导学生勇于超越文本,连接生活,让更丰厚的语言和精神在学生的心灵深处勃发;引领学生善于静思默想,让文本语言及其承载的思想影响感染学生;还要引导学生敢于质疑文本,让跳跃的思想插上理性的翅膀,思辨地穿梭字里行间。只有这样,我们的课堂生活才会异彩纷呈,情趣盎然。其基本方法如下:

方法一:连接生活

典型案例

一位老师上《惊弓之鸟》教学片段。

师:通过刚才的学习,同学们已经深入地理解了成语故事,请大家说说题目"惊弓之鸟"的意思。

生1:因为大雁受过箭伤,所以听到弦响,就非常害怕。

生2:更赢知道受了箭伤的大雁惧怕弦响,就拉响弦,大雁果然害怕得掉下来。

生3:我觉得"惊弓之鸟"这个成语有毛病(众笑),应该改为"惊弦之鸟",因为那只大雁是被弦响吓坏的。(众诧)

生4:老师,同学们,我也有话要说。我觉得应该改为"惊箭之鸟",因为那只大雁听到弦声以为又有箭要射向它,才害怕得掉下来。(众诧)

师:他们说得有道理吗?

生5:(佩服地点头答)有道理。

师:这两位同学真会动脑筋,提出了自己独特的看法,他们使我们的思维得到锻炼,老师真高兴,高兴得想讲个故事,要求同学们听完故事,给故事加个题目。

师:从前有个人被恶狗咬伤了。伤好后的一天夜里,他翻墙进一户人家偷东西,偷完东西正想出去时,突然身后响起凶猛的狗叫声。这个人大吃一惊,从墙上摔下来。后来他怎么努力也翻不出去,因为他总觉得那只恶狗就要扑上他的后背了。最后他被主人逮住时,才发现那只狗原来是被拴在柱子上。

生给故事加题目:恶狗叫贼、该死小偷……惊狗之人……(当学生说出"惊狗之人"时,一阵寂静后教室里爆发出掌声)师引导学生比较"惊弓之鸟"与"惊狗之人"。

小组讨论本次课如何连接生活生成课堂教学的。请理清思路并写下来。

学习记录

问题点拨

_____

_____

方法二:巧用"资料"

典型案例

《江雪》的教学片段。

师:读到这里,同学们有什么疑问?

生:这么冷的天,那个老翁为什么还在江上钓鱼?

生:难道他不怕冷吗?

师:真是一个好问题!请大家大胆地设想一下原因,也可以与同桌讨论一下。

生:因为家里穷,以捕鱼为生,天冷也要来钓鱼。

生:可能老翁在想这么冷的天鸟都飞走了,这下没有谁和自己抢鱼了。

师:那就是说老人在独自享受这一份清净。

生:老翁可能是遇见了什么伤心事了。

师:也有这样的可能。

生:我想他非常喜欢钓鱼,所以也就顾不上天冷了。

师:那他就是一个真正的钓鱼爱好者!

生:可能是他犯了错误,被流放在外。

师:看来大家的理解都不相同。那么,究竟哪一种比较吻合作者的心境呢?了解诗人的生平和时代背景对理解古诗是很有用的。那就让我们看一看柳宗元的简介。(课件出

示柳宗元生平简介)

师:现在你比较赞同哪一种理解？或者有什么新的看法。

生:现在,我知道了柳宗元是在被贬永州时写下这一首诗的。

生:我感受到诗人是借"蓑笠翁"表达自己的心情。

小组讨论本次课如何巧用资料生成课堂教学的。请理清思路并写下来。

方法三:缓兵之计

典型案例

一位教师上古诗《登鹳雀楼》的教学片段。

教师把鹳雀楼的图片放映到屏幕上,并有感情地指导朗读了全诗。在交流感悟时,一个学生提出了疑问:"登鹳雀楼是说诗人已经上了楼,如果要'欲穷千里目'还要'更上一层楼',这样楼就应该有三层,可图上为什么只有两层？莫非是图错了?"教师怔了一下,便来了个"缓兵之计"说:"是图错了呢,还是诗写错了？还是图和诗都没有错?"教室里顿时安静下来,大家都在认真思考。在这个过程中教师缓过神来接着点拨:"'欲穷千里目,更上一层楼'是描写诗人登楼时的想法呢,还是写诗人登了一层还要再登一层的行为呢?"于是,学生展开了热烈的讨论:"可能是诗人一边上楼一边想,也可能是上了楼,觉得这楼不够高,看不到远处的景色。""这是诗人在对我们讲一个道理,要登得高才能看得远。""这种想法与楼有几层没关系,即使站在二楼上也可以有这种想法。"老师说:"你们说得很有道理,'欲穷千里目,更上一层楼'是诗人的想法,表现了积极向上的愿望,不是……"老师欲言又止。这时说图画错了的同学接过话说:"不是真的写诗人要登上第三层楼去看景色。"

小组讨论,如何理解这次课的"缓兵之计"？请理清思路并写下来。

方法四:问题情境

典型案例

薛法根老师在教学《第八次》的教学片段。

他发现文中布鲁斯王子动员号召人民起来抵抗的情节省略了,留下了空白,也留下了一个想象补白的空间,便即兴设计了这样一个问题情境:布鲁斯王子会怎样运用蜘蛛织网的故事来动员人民呢？请你当一回王子,写一份简洁有力的动员书。课堂上,学生的言语智慧得到了充分的体现。

生1:父老乡亲们、同胞们,苏格兰在经受侵略,苏格兰在经受磨难,苏格兰在哭泣、在流血啊!(师插话:以情动人,高!)(众笑)

生1:虽然我们一连失败了七次,但那算得了什么?你知道吗,就连小小的蜘蛛都能坚持不懈,第八次结成了一张网。难道我们连一只蜘蛛都不如吗?(师插话:以理服人,妙!)

生1:我们一定能像蜘蛛一样,获得第八次抵抗的胜利!勇敢的苏格兰人,拿起你的武器,跟我前进吧!(掌声)(师插话:身先士卒,鼓舞人心!算我一个!)(众大笑)

生2:苏格兰的父老乡亲们、亲爱的同胞们,我们失败了七次,但并不表示我们永远失败了。(师插话:很有哲理!)

生2:你看,那只小小的蜘蛛,最终还是战胜了大风,在第八次结成了一张完整的网。我们难道不如这只蜘蛛吗?面对侵略军,我们缺少的不是枪弹,不是战士,而是坚持不懈的精神!(掌声)只要我们干第八次,就一定能取得最后的胜利!(师插话:假如第八次不成功呢?)不成功,便成仁!(众大笑)(师:你都牺牲啦?你应该还有第九次!第九次不成功……)

生2:我们还有第十次!第十一次!不成功誓不罢休!(师:这样好像太野蛮了,可以改成:不成功就……)誓不回家!(师:这样才是好男儿!)来吧,战士们,同胞们,胜利属于苏格兰!(掌声)

小组讨论本次课如何设置问题情境生成课堂教学的。请理清思路并写下来。

学习记录

_____

_____

方法五:顺势而导

典型案例

一位老师上《赤壁之战》教学片段。

小组讨论,如何理解本次课的"顺势而导"?请理清思路并写下来。

学习记录

_____

_____

方法六:牵线搭桥

典型案例

一位教师执教《记金华的双龙洞》的教学片段。

当教学环节正在一个一个向前推进,突然一位学生质疑:"能通得一条小船的洞怎么能说成是'孔隙'呢?课文中这样说好像不太正确。"这是节外生枝,当然在教师的预设之外。若要快些解决这一问题,教师用一两句话就可以说通,但他没有这样简单地把答案"给予"孩子,而是引导孩子自己来解决自己发现的问题。教师启发大家:"既然是'隙',必然是联系前后或内外之间的部分。我们要弄清这位同学提出的问题,就得先看看这内洞和外洞是什么样儿的,与'孔隙'比较一下怎样。请大家仔细读读课文来解决这个问题。"于是,全班学生在认真地默读课文之后,纷纷发表了意见:

"我从'仿佛到了个大会堂''聚集一千或是八百人''不觉得拥挤'等描写中,体会到外洞是非常大的。"

"我发现课文中说'内洞比外洞大得多,大概有十来进房子那么大',说明内洞更大。比起这么大的外洞和内洞,这中间的孔,应当只是一个'孔隙',这样写没有错。"

"我觉得这只船其实是很小的,课文中说'上船后只容两个人并排仰卧',连坐着也不行,说明这孔隙确实很小。"

"我补充一点,仰卧在船上过孔隙时,还会感觉'擦破了鼻子',告诉我们这孔隙实在是太小了,说它只是个孔隙没有错。"

至此,教师又请大家归纳:"刚才我们是用什么方法才获得正确答案的?"

小组讨论,如何理解本次课的"牵桥搭线"?请理清思路并写下来。

学习记录

_____

_____

问题点拨

凡事预则立,不预则废。充分的预设能为一节课的成功奠基。但课堂情况变动不居,稍纵即逝,《孙子兵法》里说,"战势不过奇正,奇正之变,不可胜穷也",预设得再完美,也不可能面面俱到,那种追求一切尽在掌握之中的预设是痴人说梦。如何让课堂生成不漫无边际?如何巧妙应对预设外的生成?这就涉及教学是服务于宏大的教育目标,还是着眼于一时一地的教学任务的问题。教师的知识、情感、思想观念、经验、智慧及对学生的真实的理解在影响着专业的判断力与思考力,且决定着课堂生成的走向与有效程度。教学需要教师融汇学识积淀、生活经验、生命体验,全身心以赴,从而获得新质的生成:开拓视野,生成新的行动;开放思维,生成新的思想;启发智慧,生成新的价值!

技能点五:片段教学结课基本方法训练

一节课的结束,并不意味着就此了结,而是要让学生意犹未尽。结课时,要以精练的语言,通过归纳总结、实践活动、转化升华和设置悬念等方式,对所学知识和技能及时地进行系统巩

固和运用,使新知识有效地纳入学生的认识结构中。其基本方法如下:

方法一:深化情感

> **典型案例**
>
> 特级教师窦桂梅《难忘的一课》的教学片段。
>
> 完成了对课文重点的研读后,在悠扬婉转的《思乡曲》中,师生共同深情朗诵台湾著名诗人余光中先生的《乡愁》——
>
> "小时候/乡愁是一枚小小的邮票/我在这头/母亲在那头/长大后/乡愁是一张窄窄的船票/我在这头/新娘在那头/后来呀/乡愁是一方矮矮的坟墓/我在外头/母亲在里头/而现在/乡愁是一湾浅浅的海峡/我在这头/大陆在那头"
>
> 师:看得出,此时此刻,同学们的心已经沸腾,还有什么话能足以表达我们那份心情呢? 只有那一句——
>
> 生:(读)我是中国人,我爱中国!
>
> 师:放声朗诵,来表达你此时的心情吧!
>
> (学生再读)
>
> 师:下面,请大家拿起笔,再写一写这句话,并将这句话永远地镌刻在你心灵的深处。(师生共同写话,教师用红笔)
>
> 生:(一个个凝神静气地、庄严地、神圣地、含着热泪写这句话)
>
> 师:想读就读吧!
>
> 生:我是中国人,我爱中国!
>
> 生:我是中国人,我爱中国!
>
> 师:语气虽然不同,但感受和认识是一样的深刻!
>
> 师:(激情地)同学们,通过这堂课,相信你一定记住了"我是中国人,我爱中国"这句话。世界上什么都可以选择,但唯独不能选择的是自己的母亲、自己的祖国。或许有一天,你身在国外,请你也别忘了今天的这堂课,更不能忘了这堂课里你记住的"我是中国人,我爱中国!"我们大家再读这句话吧!
>
> 生:(铿锵有力地)我是中国人,我爱中国!
>
> 师:读得太好了! 同学们,咱们今天上的不是普通的语文课,而是一堂人生感悟课,因此,这也就称得上是——
>
> 生:难忘的一课!(教师在课题后加上感叹号,在全场掌声中结束教学)
>
> 小组讨论,这节课如何以深化感情进行结课的? 请理清思路并写下来。

学习记录

_____

_____

问题点拨

方法二：提炼感悟

> **典型案例**

特级教师孙建锋《做一片美的叶子》的教学片段。

师：面对同一篇文章，大家可能各有各的体会，这是很正常的。现在，孙老师愿意再一次聆听你们的声音。

生：由"回归大树地下的根"，我想到"落'叶'不是无情物，化作春泥更护'树'"。

师：有意思，这句话孙老师似乎有些耳熟。

生：因为我曾经背诵过"落红不是无情物，化作春泥更护花"。其实，不管是"护花"还是"护树"，道理都是一样的！

师：这就叫活学活用！孙老师送给你一片枫叶，这片枫叶是我从北京香山上摘来的！（该生双手接过叶子，连声称谢）

生：中国是一棵大树，把56个民族结为一个整体，每一个民族在中国都有自己的位置。地球也是一棵大树，把每一个国家结为一个整体，每一个国家在地球上也都有自己的位置。

师：好！你真是"先天下之忧而忧"，把书本与现实结合起来了，这叫活读书！大家掌声鼓励！

生：（十分羞愧地）我的爸爸、妈妈离婚了，我们家的这棵大树倒了，他们都不肯要我，我没有自己的位置了……

师：孩子，你是无辜的！你是坦诚的！你是坚强的！老师和同学都会关心你，班级就是你的家，学校就是你的家，朋友就是你的家。你的经历和体验就是你的财富。从中，你会体悟很多，你会学会珍惜自己，珍惜生活！

生：（激动得热泪盈眶）我真想喊您一声"爸爸"！（课堂上掌声雷动）

师：（总结）叶美，因为有树；树美，因为有叶。如果每一片叶子都很美，那么，这棵大树一定美；如果每一个同学都很美，那么，这个班级一定美；如果每一个人都很棒，那么，这个民族一定有希望！

小组讨论，这节课如何以提炼感悟进行结课的？请理清思路并写下来。

> **学习记录**

_____

_____

问题点拨

方法三：升华拓展

> **典型案例**

特级教师王崧舟《我的战友邱少云》的教学片段。

师：同学们，你们自己觉得怎么读才能表现对英雄的无限崇敬的心情，就怎么来读。用你们的声音，用你们的感情，把对英雄的崇敬之情读出来。

（学生读书）

师：战斗结束了。战友们用邱少云生前挖坑道时用过的铁锤和钢钎，在陡峭的391高地的石壁上，刻写了一句纪念他的碑文。同学们，假如你也是潜伏部队中的一员，你也目睹了这惊天动地、气壮山河的一幕，你会写一句怎样的碑文来纪念、来歌颂这位年轻而伟大的战士？（学生写碑文）

生：邱少云同志永垂不朽。

生：邱少云，你永远活在中朝人民心中！

生：烈火炼真金，千秋传美名！

师：（点击课件）看大屏幕。同学们，这就是刻在391高地上的碑文。这句碑文，是邱少云精神的生动写照，是中国人民志愿军精神的生动写照，也是中华民族精神的生动写照。让我们怀着无比崇敬的心情，深情地朗读这句碑文！

生：（起立齐读）为整体、为胜利而自我牺牲的伟大战士邱少云同志永垂不朽！

师：让我们用更加自豪的语气，再来读读这句碑文。（生读）

师：同学们，有了这种精神的军队是伟大而不可战胜的！有了这种精神的民族是伟大而不可战胜的！老师相信，这句碑文，一定会世代相传！这种精神，一定会永放光彩！

小组讨论这节课如何以升华拓展进行结课的。请理清思路并写下来。

学习记录

问题点拨

方法四：画龙点睛

典型案例

特级教师窦桂梅《晏子使楚》的教学片段。

师：这堂课，这个"矩"字的点，已经悄悄地点在了我们的心里。虽然今天我们再也不写"矩"字的点了，但我们相信，今天的同学们，我们将来要面对竞争，面对压力，面对变幻莫测的国际风云。但是，不变的就是，我们首先要做到"规圆矩方"，外在的道德智慧和内在的真正实力两者兼备。谢谢你们，但我们更应该谢谢的是这些千古人物。谁呀？（在板书"楚王"和"晏子"下圈点）

生：楚王和晏子。

师：没有他们，这两堂课我们怎么能体会、思考这么多？课就要结束了，我想用一首歌的歌词来引发同学们的思考，你们觉得我是唱给大家听呢，还是……

生：唱！

师：好，给点掌声！

生：（鼓掌）

师：让我们静静地聆听这两千五百多年的历史故事所给予我们的……

(《三国演义》片尾曲音乐歌词)

暗淡了刀光剑影,远去了鼓角铮鸣。眼前飞扬着一个个鲜活的面容。湮没了荒城古道,荒芜了烽火边城。岁月啊,你带不走那一串串熟悉的姓名。兴亡谁人定啊……盛衰岂无凭……一页风云散哪……变幻了时空。聚散皆是缘啊……离合总关情啊……担当生前事啊……何计身后评。长江有意化作泪,长江有情起歌声。历史的天空闪烁几颗星,人间一股英雄气在驰骋纵横。

(师边唱边擦去板书最后剩下"尊重")

师:担当生前事,何计身后评,人间一股英雄气。无论过去到现在,永远驰骋纵横,那便是——

生:尊重!

师:下课!

小组讨论如何理解本次结课的"画龙点睛"。请理清思路并写下来。

学习记录

_____

_____

问题点拨

方法五:复习巩固

典型案例

特级教师于永正《草》的教学片段。

扫码阅读

小组讨论这节课如何通过复习巩固进行结课的。请理清思路并写下来。

学习记录

_____

_____

问题点拨

方法六:续写延伸

典型案例

特级教师贾志敏《惊弓之鸟》的教学片段。

师:《惊弓之鸟》这个故事已经流传了 2500 多年,可以说是家喻户晓。可是这篇课文有一个小缺陷,比如第9节,大家读一读,看一看语言的表达上有什么问题?

生:(大吃一惊,课文怎么也有问题?但在老师指导下读书,思考后发现了课文的不足)"它一使劲,伤口又裂开了,就掉下来"这句话不够准确,"就掉下来"应该改成"就掉了下来"或"就掉下来了"。)

师:改得好啊! 学习语言就要多读多思。一读,能读出毛病;一思,能看出缺陷。又如,课文完了,魏王应该还有话说,可文章却没写,你们能不能加一句,用对话的形式写下来。

(学生当堂练写后,老师请了几位学生上台,教师当"更羸",学生作"魏王",进行对话)

师:它飞得慢……它一使劲,伤口又裂开,就掉下来了。

生1:(恍然大悟的样子)"啊,原来如此,我还以为你有什么特异功能呢。"

生2:(激动得很)"高! 真高! 世界上竟有你这样的天才!"

生3:(颇有君王风度,说得不紧不慢)"噢,原来是这样,怪不得大雁直往上飞拍了两下翅膀,又忽然从半空中直掉下来!"

生4:(惊讶)"啊! 原来如此。看来,你真是射箭高手!"

生5:(激动,一边说,一边点头、摸胡子,很像大王)"了不起! 佩服! 佩服! 有你,我就可以得天下了。"

师:这个故事叫"惊弓之鸟",形容受过箭伤的鸟一听弓响,就会受到惊吓。还有个成语跟它意思相近,就是"强弩之末"(板书:强弩之末)。这个成语讲强弩射出的箭,到最后力量弱了,连薄绸子都穿不透。"惊弓之鸟""强弩之末"一般都连用,比如,"在我军的强大攻势面前,日本侵略者成了惊弓之鸟、强弩之末"。

师:同学们回家把"惊弓之鸟"这个故事讲给别人听。

小组讨论这节课如何以续写延伸进行结课的。请理清思路并写下来。

问题点拨

学习记录

_____

_____

精彩的结课,一般而言是指向这几方面的目的:复习巩固、总结提升、检查反馈、训练思维、学以致用、拓展延伸等。

任务考核

以小学四年级上册《观潮》为例进行片段教学,时间为8—10分钟。要求:授课内容片段相对完整,声音清晰响亮,有条理,有重点。

任务评价

表 5-2-1-1　任务完成评价表

班级：＿＿＿＿　姓名：＿＿＿＿　学号：＿＿＿＿　完成时间：＿＿＿＿						
任务名称：片段教学训练						
评价内容与评价指标	不足之处	评价等级	评价主体			备注
^	^	^	自评	互评	师评	^
片断教学生动，讲评清晰，表达顺畅		优				
^	^	良				
^	^	中				
^	^	差				
总结						

反思总结

表 5-2-1-2　任务学习过程总结表

班级：＿＿＿＿　姓名：＿＿＿＿　学号：＿＿＿＿　完成时间：＿＿＿＿		
任务名称：片段教学训练		
类别	索引	学生总结、要点记录
知识点	一	
技能点	一	
^	二	
^	三	
^	四	
^	五	
存在的问题记录		
反思总结		

项目三 说课训练

任务 5-3-1 说课训练

任务描述

掌握说课的要领,流畅地进行说课。

知识技能点

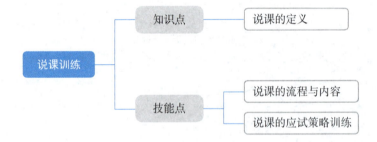

理论精粹

知识点:说课的定义

说课是教师在模拟教学场合中,依据教育理论、课程标准、教材内容、学生情况、教学条件等,分析教学任务,陈述教学目标,阐释教学重点与难点,讲说教学过程以及所运用的教法和学法。

实践精粹

技能点一:说课的流程与内容

1. 说教材

教材是进行教学的依据,是学生获取知识的重要来源。教师要吃透教材、简析教材内容、教学目的、教学重难点。说教材,就是要教者阐述对于教材的理解,听者通过教者说的过程来判断其对教材的把握程度。

教师要全面正确地理解教材,达到两个目的:①确定学习内容的范围与深度,明确应该"教什么"。②揭示学习内容中各项知识与技能的相互关系,为设计教学顺序奠定基础,知道"如何教"。

(1) 说教材的作用和地位。

在认真阅读教材的基础上,说明教材的地位、作用,即阐明本节内容在整个知识体系或本册教材或本单元中的地位,找准前后知识的联系,以及本节内容对于发展学生思维、培养学生能力方面有什么重要作用等。

一般来说,这一部分可以借鉴教学参考书中的教材说明一栏。

"孔子拜师"教材地位分析示例

(2) 确定教学目标。

教学目标是教学活动的出发点和归宿,它包含学生学习的内容、过程、方法和达到的预期标准,在方向上对教和学的评价提供依据。教学目标的提出是有依据的,如课程标准的要求、教育教学理论、教学研究成果经验等。

"蜘蛛开店"教学目标示例

如第二届全国统编小学语文教科书优质课观摩交流活动中戴松堂老师执教的《"诺曼底号"遇难记》,教学目标是以下三个方面:

① 正确、流利地朗读课文,读好人物对话。通过自主识字、随文识字等方法认识"弥、脉"等13个生字,会写"伦、腹"等15个生字,会写"行驶、凌晨"等10个词语。

② 学会运用列小标题等方法把握长文章的主要内容,初步感知小说的情节结构。

③ 能从了解人物的言行的语句中,感受到他忠于职守、舍己为人的品质,能结合哈尔威船长的英雄壮举,表达自己对生命的体会。

三条教学目标是如何确定出来的呢?

第一,基于文体在年段目标中的定位。《义务教育语文课程标准(2022年版)》"学段要求"中有第二学段相关要求:能初步把握文章的主要内容,体会文章表达的思想感情。能复述叙事性作品的大意,初步感受作品中生动的形象和语言,关心作品中人物的命运和喜怒哀乐,与他人交流自己的阅读感受。显然,聚焦人物,本课中的情节和环境只需要适度渗透,为感受人物品质服务就可以了。

第二,基于单元编排体系的考量。本单元的语文要素是"从人物的语言、动作等描写中感受人物的品质",旨在引导学生仔细阅读文本,发现人物的品质是如何通过人物的言行表现出来的,并能够受到人物品格的感染。因此,本课应该重点研读"救援"和"牺牲"这两个部分当中人物的语言和动作描写,以落实单元语文要素。而"夜航"和"遇险"这两部分,可以让学生在预习的时候自主阅读,了解故事的发生和发展就可以了。课后练习二的设置以及交流平台的举例说明也充分体现了这一点。

第三,基于学情的思考。教学目标的确定,是在文本的教学解读与具体学情之间来回斟酌的结果。我们应该站在学生的角度来思考。《"诺曼底号"遇难记》篇幅比较长,全文共45个自然段。课堂上,学生梳理文章脉络,把握文章主要内容,需要更多的时间,也需要一定的方法。在四年级上册第四单元"了解故事的起因、经过、结果,学习把握文章的主要内容",四年级上册第七单元"关注主要人物和事件,学习把握文章的主要内容"等单元学习中,学生已经学习了一些把握文章主要内容的方法,教学本篇课文要善于引导学生迁移运用之前学过的阅读或表达方法,这是用好统编教材的法宝。

"小岛"教学目标示例

通过上述考量,最后确定的本课的教学目标应该是合宜的,符合年段目标、编者意图及具体的学情。

(3) 说准教学重难点。

从某个角度来说,说课过程实际上是突出重点和突破难点的过程。因此,说准教学重难点便成为教学设计的一个关键,也是说课活动必须阐述的一个内容。

① 教学重难点的定义。

教学重点是指学科或教材中最基本、最核心的知识与技能。其中有些对学生的学习起着决定性作用的基本知识与技能,也被称为教学关键。

教学难点是指教师难教、难讲,学生难理解或容易产生错误的一小部分教学内容。教材、教学内容作为认识的客体,有着自身的知识结构与体系,以其知识的深度、思维的难度表现出教学的难点,但这并不是决定因素。教学难点主要决定于教师和学生的素质与能力,不同学校、不同教师以及不同班级学生难点的分布、程度显然各不相同。

教学重点不一定是难点,一般情况下,教学重点中的局部很可能是难点,教学难点不一定是教学重点。然而,两者在一定条件下往往具有同一性。需要强调的是说课中的"重点和难点"的说法与教案中的"重点和难点"的文字表达不同。前者应当强调这些"重点和难点"是在怎样的背景下被确定的,点明重点与难点的破解方法;后者则只要写明所教的内容其难点是什么、重点在何处即可。

② 重难点的突破策略。

第一,找准知识的生长点是解决教学重难点的前提。考生可依据以下三点找准知识生长点:一是有的新知识与某些旧知识属同类或相似,要突出"共同点",进而突破重难点;二是有的新知识由两个或两个以上旧知识组合而成,要突出"连接点",进而突破重难点;三是有的新知识由某些旧知识发展而来,要突出"演变点",进而突破重难点。

第二,采用合适的教学方式是解决教学重难点的关键。教师的教学应该以学生的认知发展水平和已有的经验为基础,面向全体学生,注重启发性和因材施教。

第三,信息技术的合理应用是解决教学重难点的保障。在突出教学重点和突破教学难点的过程中,要充分发挥现代信息技术的优势,化动为静,化隐为显,化难为易,化抽象为直观,并通过与传统技术的联合、互补,有效促进教学重难点的突破。

"圆锥体"教学重难点示例

2. 说学情

学情是学生的年龄特征、认知规律等的总和,是教师组织教学活动的依据,是学生学习新知识的基础。说学情,就是要全面客观地阐述学生已有的学业情况和已经掌握的学习方法等,为优化教学设计提供参考。

说"准"学情一般重点关注四个方面的内容。

(1) 学生原有的学习基础。

首先,说课前要先了解与本节课教学内容相关联的知识到底有哪些,学生对这些相关知识的掌握程度如何。其次,现代社会传媒非常发达,学生已具备了一定的知识和生活经验,注重校内外现代生活的体验,注重学习与生活的联系是新课程的一大亮点。立足文本,联系生活,把学生已有的知识和经验说出来,把打算如何利用这些知识与经验说清楚,有利于实现学生"旧知"向"新知"的迁移,解决教师"怎样教"的问题。

(2) 学生已有的学习方法。

"说"学习方法和技巧,就是要说出学生从已有学习方法转化的切入口或途径,说出学习新知识时应重点关注的方法,有助于解决"怎样教"的问题。

（3）学生的思维与身心特点。

从教学任务出发，分析该年龄段学生在学习本教材时的思维和身心特征，以及这种特征与本课题知识的相关性。不同年龄段的学生，他们的思维与身心特点差异较大。比如，小学生的特点是好动、注意力不够集中、爱表现、希望得到老师的表扬，具体思维占主导；初中生的特点是思维从经验型逐步向理论型发展，观察能力、抽象能力和想象能力也迅速成长，但还是离不开感性经验的支撑，同时他们又好动，注意力容易分散，爱发表意见，希望能够得到老师的表扬；高中生的特点是具有强烈的探究世界的动机，思维活跃，个性鲜明，参与意识强，独立思考和分析问题的能力较强，辩证思维也明显增强，抽象思维占主导。学生的思维和心理特点很大程度上决定了教学方法的选择。

（4）个性发展与群体提高。

新课程强调，一切为了每一位学生的发展，就是要求教师通过科学的教育教学方式，使每一个学生都能在原有的基础上得到长足的发展。"说"个性发展和群体提高，就是既要对任教班级的班风、学风、合作精神和团队意识等方面进行全面客观的分析，又要对班级中的特殊个体(如后进生、特长生)的个性特征进行单独分析，以整体把握班级群体和个体的实际发展水平，解决"合格＋特长"的问题。

"画家和牧童"学情分析示例

3. 说教法

说教法是说课者根据本节课的内容特点、结构特点以及教学目标，说出自己在课堂教学中所使用的教学方法、教学手段及教学用具。课堂教学是动态的、随机生成的，因而"教学有法，教无定法"。教学方法需要教师根据教学内容、学生特点、教学媒体、教师特长以及授课时间来选择、制订与使用。在说课中，教师应将采用的教学方法以及采用这些方法的依据及所能达到的教学效果说出来。

（1）说清楚教法。

目前，中小学各学科常用的教法大致可归纳如下：

表 5-3-1-1 各学科常用教学方法

科目	常用教学方法
语文	讲解法、创设情境法、引导法、图文结合法、朗读体会法、读书指导法等
数学	演示法(如图形与空间)、启发式教学法、讲练结合法、类比法等
英语	创设情境法、任务教学法、演示法、游戏法、比赛法等
音乐	演示-练习结合法、创设情境法等
体育	讲解法、示范法、练习法、竞赛法等
美术	讲授法、谈话法、讨论法、演示法、参观法、练习法、评鉴法等
政治	创设情境法、启发式教学法、讲授法、案例教学法等
历史	阅读讲解法、读图分析法、讨论归纳法、联系对比法等
地理	读图分析法、讲授法、比较法等
物理\化学\生物	实验法、探究法、讲授法、练习法等
信息技术	情境法、演示法、启发探究法、任务驱动法等
幼儿园	创设情境法、游戏法、比赛法、启发式教学法、演示法等

考生在应考时，可重点参考使用以上相应学科常用的一些教法，也可选择其他教法。但无论采用哪种教法，一定要让考官清楚自己采用的教法是符合教材特点和学生认知规律的，能够贯彻"具有启发性""突出主体性""注重思维品质"的原则。

（2）说清楚如何面向不同层次的学生采用不同的教学方法。

"教"是为了"学"，学生怎么学，教师就应该怎么教；教师怎么教，就引导学生怎么学。说教法时要尽可能说清楚选用的教法能适应学生的个别差异，能启发学生，让每个学生都动手、动口、动脑，能促进学生进行"创造性"的学习。因此，必须从惯性思维中跳出来，从以下三个方面去做：

第一，分析不同学生在学习某一单元或某一课内容时可能出现的困惑与障碍；

第二，有针对性地说清楚在教学过程中，侧重指导学生掌握何种学习方法；

第三，要根据学生的年龄特点和认知规律，说清准备创设何种教学环境和条件，来保证学生在课堂时间有效地进行学习。

（3）说清楚准备使用哪些教学辅助手段及使用目的。

随着现代教育技术迅速发展，教师在教学中应积极地将现代教育技术引入课堂教学之中，同时，配套使用其他教学辅助手段，从而实现教学的实效性、有效性。手段为目的服务，方法为内容服务。说课时介绍手段的要点和条理要清楚，还要说明采用这些手段的理论依据。

（4）教学方法的选择依据。

依据教学目标与任务、教学内容的特点、学生的实际情况、教师自身的特长和素养、各种教学方法的适用范围和使用条件进行选择。

4. 说学法

说学法，即说课者说明自己在教学过程中，针对所授课内容的难易程度，依据学生的身心特点与发展规律，结合学生的实际生活经验，引导学生掌握知识、理解知识并运用知识的方法，也称为学法指导。教师在制订引导学生掌握、理解、运用知识的方法时，要考虑到学生在学习的过程中不仅要掌握知识与技能，还要发展观察与思考、认知与探究、分析与解决问题的能力。所谓"授之以鱼"不如"授之以渔"，就是这个道理。

（1）说学法的四大问题。

① 本课题要求学生掌握怎样的学习方法。

② 为什么要掌握这个学习方法。

③ 怎样指导学生掌握这个学习方法。

④ 在学习的过程中要培养学生怎样的学习习惯。

说学法指导

需要强调的是，在说学法指导时，不能只停留在学习方法这一层面上，必须把注意力放在如何实施学法指导上来。

（2）说学法的"四要四忌"。

① 要讲究民主，忌强迫。

学法指导的过程中，教师只是指导者，由于学生也有属于他们自己的学习方法，所以说课时要体现出自己的教学设计给学生留出了思考、尝试、选择的空间。非强制监督性的建议，更易于被学生接受，从而唤起学生的自主意识，做学习的主人。

② 要有计划性，忌盲目。

要说清楚，自己对学生进行哪方面的指导，在什么时候指导，都是有目的性、计划性、系统性，而不是随心所欲，想到哪说到哪。

③ 要随机应变,忌僵化。

随着学习内容的不断拓展和学习程度的加深,有些学习方法要不断调整、完善、改进、创新。而且学生实际情况也是千差万别、不断变化的,这就要求学法指导也要发生相应的变化,忌把某一种方法当成万能钥匙,否则,学法指导很难落到实处。

"印染"说学法示例

④ 要细腻耐心,忌粗放。

考生在说学法时要特别注意细腻,也要有耐心,要鼓励学生在学习中细心体会成败得失,总结深化。忌粗放,否则容易和说教材中的教学目标或说教法相重复。

5. 说教学程序

说教学过程即说课者说出自己的教学设计、教学思路、教学步骤、教学媒体的使用及板书设计等。

(1) 说设计思路。

设计思路就是对教学流程主要环节的概括。说设计思路,有助于听者更清晰地了解和把握考生关于教学活动的整体安排。传统知识教学流程一般分为复习旧知识—导入新课—新课讲授—知识应用—巩固小结—练习(布置作业)。在新课改中,提倡重视学生智力、能力的发展,强调重发展教学的三个阶段:设置问题情境——非智力因素(学会参与)、引导信息加工——智力因素(学会学习)、设计实践活动——能力与技术(学会迁移)。

(2) 说教学流程。

说教学流程就是围绕教学设计思路,说清楚所涉及的基本结构和主要层次,说出具体的教与学活动安排及这样安排的理论依据。听者知道"教什么""怎样教""为什么这样教"就行。

第一,说教学板块。

说课中常见的教学板块有以下七种:

① 创设情境,架设桥梁→探究新知,自主构建→回归生活,解决问题→布置作业,课外延伸。

② 联系生活,激趣导入→活动感悟,探究新知→小结作业,强化新知→拓展应用,巩固新知。

③ 激起兴趣,导入新课→鼓励自学,学法指导→角色扮演,任务驱动→归纳总结,布置作业。

④ 创设情境,导入新课→深入探究,确定新知→动手操作,内化新知→分层训练,巩固运用→全课小结,畅谈收获。

⑤ 激趣导入→演示导练,设置任务→合作探究,提高能力→课堂总结,课后延伸。

⑥ 导入课题→自主探索→组际交流→师生互动→全课总结。

⑦ 激趣导入→讲授新课→课堂小结→布置作业。

无论用哪种教学板块,考生说课时应该明确清晰。此外,各教学板块的表述要充分体现是什么、为什么、怎么样,还要突出教与学的双边关系,适度交代板块如何突破或化解重难点,并要有相应的教学理论的阐述。

第二,说教具准备。

教具准备是教师为了提高课堂教学质量,根据授课内容的安排或优化教学过程的需要,选择使用的如挂图、幻灯片、录像带、录音带、新闻图片、实验仪器、计算机、网络等教学媒体。这些教具作为辅助教学手段,在教学流程中,要说清什么时候、什么地方需要使用,这样做的道理又是什么。说课时,这部分内容一般可结合具体教学环节体现,也可单独列出。

第三,说教与学的双边活动具体安排。

教师准备提哪些问题,这些问题能起什么作用,学生怎样参与,如何组织,学生可能会出现哪些问题;教师有什么应对措施,有哪些思维定式需要克服,采取哪些措施等。这些问题均属双边活动的内容,应该各有侧重地作出阐述。

第四,说总结与延伸。

总结与延伸是说课中容易被忽略的部分,可以说说如何归纳总结知识体系,形成结构,并说清楚准备通过怎样的形式与方法实现知识和思维活动的适度拓展。

"6的乘法口诀"说教学过程示例

第五,说课外作业。

一堂高水平的说课,在说课过程中绝对不能缺少说课外作业布置环节。说课外作业布置的目的,就是使说课程序更加完整,从而达到更好的说课效果。因此,说课时要讲究技巧,要说"准"课外作业,从而有效实现促使学生消化和巩固所学知识,扩大知识面,培养实际动手、操作和运用等能力的目的。

"我爱故乡的杨梅"说板书示例

6. 说板书

板书是一节课的微型教案,是教学内容的提炼,起到提纲挈领的作用。说板书设计是说课的最后一个步骤,板书一般在说课过程中已经写出来了,所以说板书设计时要展示介绍板书,说明板书的结构,解释这样设计的优点与作用。说板书设计时要体现出程序性、概括性、指导性、艺术性。

技能点二:说课的应试策略训练

1. 说课前的准备

(1)知识准备。

学科知识是基础,没有扎实的学科知识,要想说好课是不可能的。所以,考生说课前首先要做好知识准备。比较重要的是课程标准、教材知识以及其他相关知识。

① 熟悉课程标准。说课前,考生一定要熟悉课程标准,掌握课程标准所规定的教学任务、教学目标以及各年级的教学要求、教学中应遵循的原则,尤其是要根据教学内容分解课程标准所规定的教学目标。

② 钻研教材。熟悉所说教材的编写意图和教学目标,了解知识的承接性和延续性,对知识系统的内在联系要做到心中有数。还要掌握本课在本册书中所处的地位和作用,明确重难点。

③ 涉猎边缘学科知识。随着时代的变迁,现在学生获取信息的渠道不断增加,面对学生可能会提出的各种各样的问题,教师虽不能做到什么都懂、什么都会,但若拥有丰富的知识储备,涉猎诸边缘学科知识,使自身具备多学科多层次的知识结构,最起码可以使教师防止教学中可能出现的"冷门"现象。

(2)语言准备。

说课是一门艺术,因而考生在准备说课的时候,需要掌握一定的技能来为自己的说课增加亮点。如用新颖的导入来增加说课的生动性、用变换的语言增加说课的形象性、用特别的板书设计来引起考官的注意、设计有思维含量的问题来展示自己的专业功底等。考生在考前可做好以下几种技术准备:

① 加强说的功夫。要动口,就要加强说的训练,要有说的功夫。要注重语气、语量、语调、语速、语感;要进入角色,脱稿说课不能用背的语调,要用"说"或者"讲"的语气,设计意图则用

说明性语气。

此外,考生在说课时,要根据说课各部分内容,能交替使用陈述性语言、课堂教学语言和肢体语言,强化自身"说"的能力。有时候优良的"说"能弥补内容安排的缺陷。

② 分清主次。考生在说课时对说课内容不能平均使用力量,不能眉毛胡子一把抓,要分清主次。只要说"是什么"和"为什么"即可,应把主要力量放在教学程序上,这里是重头戏。

③ 重视导入技能和提问语设计技巧。导入语是教学过程不可缺少的环节。常用的导入语有温故导入、活动导入、游戏导入、问题导入、悬念导入、实验导入、歌曲导入、故事导入、谜语导入、事例导入、直观导入、情境导入等,这些导入技巧考生备考时应灵活运用。而提问更是教学安排的重要因素,考生在说课时应根据学生的实际水平、身心特点、学习任务来设计各种问题。设计的问题不能太容易,要具备思维含量;但也不能太难,要让学生"跳一跳,便能摘到桃子"。考生应该训练自己的提问语设计技巧,要遵循维果斯基的"最近发展区"理论,着眼于学生的最近发展区。

(3) 心理准备。

① 增强自信心。由于说课的好坏决定着考生是否被录用,考生在备考前就要有充分的自信,要相信自己平时的准备是充分的;在正式说课时,考生更要卸下思想包袱,消除紧张心理,要将这次机会作为展示自我良好形象的平台。

② 注意自我的心理调节。说课是在没有学生配合的情况下,一切靠自己完成,有时可能会出现漏洞,这时需要考生具有稳定力、应变力,消除心理紧张,稳定心理状态。

2. 说课中情感与语言策略

(1) 情感策略。

情感是决定人的活动效率的重要心理因素。情感反映着人对客观事物与人的需要之间的关系,对说课活动具有积极的情感可激发考生的说课活力,活跃自己的思维和表达能力,使考生精神焕发,朝气蓬勃,从而提高说课水准。

说课要有激情。激情是一种迅速强烈地爆发而时间短暂的情感。教师由于职业特点,需具备理智和坚强的意志。如果能把对学科的态度转化为激情,合理地加以运用,就能克服困难,攻克难关,爆发出无穷的力量和巨大的创造性,成为说课活动的巨大动力。

(2) 语言艺术策略。

说课中"说"的成分很重要,每一过程都要围绕"说"展开、体现。教师在说课过程中通过口头语言表达的同时,要把书面语言和肢体语言有机结合并加以利用,以书面语言为依据,以肢体语言为辅助,用口头语言呈现,相互辅助,可优化效果。说课时要使用普通话和恰当的语气,字正腔圆,底气要足,要有自信,注意语速、语调。语速快慢适中,语调要抑扬顿挫,不要平铺直叙,对于启发性的问题尤其如此;表达体现出机智风趣和连贯性、逻辑性。说课中注意不要使用"通过这节课的教学,使学生掌握××、使学生会做××习题"之类的语句,而应该是"学生通过学习,初步掌握了××思想、发展了××能力"等。此外在说课中适当、合理地运用辅助媒体形成视觉材料,增强听的效果,使说课更直观,更能体现出层次性,展现个人能力和运用现代技术进行教学的技能,增强说课的魅力。

任务考核

自选科目进行说课(片段式),时间为3分钟。

要求:要素齐全,声音清晰、响亮,语言流畅。

任务评价

学生 5-3-1-2　任务完成评价表

班级：_____ 姓名：_____ 学号：_____ 完成时间：_____						
任务名称：说课训练						
评价内容与评价指标	不足之处	评价等级	评价主体			备注
			自评	互评	师评	
要素齐全，有点有面，语言组织能力强，表达顺畅		优				
		良				
		中				
		差				
总结						

反思总结

表 5-3-1-3　任务学习过程总结表

班级：_____ 姓名：_____ 学号：_____ 完成时间：_____		
任务名称：说课训练		
类别	索引	学生总结、要点记录
知识点	一	
技能点	一	
	二	
存在的问题记录		
反思总结		

项目四　答辩训练

任务 5-4-1　答辩训练

📋 任务描述

在招聘面试中能够流畅地依据教学原理、教学原则进行答辩,顺利完成答辩项目。

🔍 知识技能点

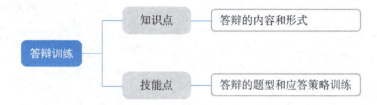

📚 理论精粹

知识点:答辩的内容和形式

教师招聘面试中的答辩试题基本上都是围绕着教育理论、课堂教学、教育法律法规、新课程改革来设计命制的。这就要求考生对上述问题有一般理论性的认识,具有一定的专业知识,能够依据教育理论、教学原则来处理一般的教育教学事件。

答辩试题的形式一般有共性和个性两种。共性试题是考生进入考场后,由考官给出,考生必须按照试题要求论述答辩。这类试题一般都有一个共性的答题原则,即所命制的试题一般都是教育理论、课堂教学、教育法律法规、新课程改革等方面的论述题。而个性试题是由考生自己抽签进行答辩,此类试题一般围绕现行的教育问题和特殊的教学案例命制,重点考查考生的教育理念、教育原则,以及对问题认识、分析、处理的能力。

抽签答辩式面试是指根据需要试前确定一些要考生回答的问题,制成题签,考生入场后通过现场抽签向考官们解答题签上提出的问题。一般来说,题签的数量由考生的多寡而定,每个题签内含 1—3 道问题。考生在回答问题过程中,主考官依据面试前准备好的试题答案,综合考生回答这一问题时的整体表现为考生打分。

这种面试方法具有客观、公正、易操作、评分好把握等优点。但也有不足的一面,这类试题的针对性和灵活性一般不强,掌握不好的话易流于"笔试口答"的模式,不利于考生发挥自己对教育新理念、新课程改革的独到见解。

技能点:答辩的题型和应答策略训练

教师招聘面试的答辩试题一般由理论性与实践性两类试题构成,面试答辩试题一般具有简洁、规范、多元化的特点。

简洁性指面试答辩问题设置相对较易,不会出现对某专业知识的深入考查,而回答也必须简洁流畅,不需要对专业知识做精深而详尽的阐释。

规范性指面试答辩试题的命制一般围绕教育理论、常规教学、教学案例、教育法规等设计。考生也必须围绕上述内容,从教师角度运用专业术语进行作答。

多元化指试题的命制具有开放性与多元性的特点,考生在回答问题时可以依据自己对教育理论的理解阐释自己的观点、态度、分析思路及解决对策,只要思路与方向正确即可。

面试试题的命制一般不会出现单一性或封闭性问题,因为面试的目的是了解考生是否具有成为一名优秀教师的潜质,因此,教师招聘面试答辩试题往往会给考生更大的空间,使其展示自己优秀的个性品质与素养。

模拟回答下列问题。

1. 岗位匹配性问题
(1) 你的座右铭是什么?
(2) 请简单自我介绍一下。
(3) 假如这次你没有考上,你怎么办?(陷阱问题,实质考查岗位匹配性)
(4) 有人说干一行爱一行,有人说爱一行才能干一行,你怎么理解呢?

2. 学科专业知识
(1) "课程整合"在语文教学中是如何实施的?
(2) 作为数学教师,你认为让学生学好数学的前提是什么?

3. 教育综合知识
(1) 你最尊敬的教育家是谁? 为什么?
(2) 如何爱学生? 如何理解师爱无限?
(3) 为什么学生会偏科?
(4) 只对某些科目有极度兴趣,却对其他科目漠不关心的学生,你会如何辅导?
(5) 请你列举新课程改革倡导的学习方式,并就每一种学习方式加以简单说明。

4. 人际交往
(1) 如何与不同类型的家长沟通? 建立怎样一种家校合作方式比较好?
(2) 伴随着网络的普及,"网络成瘾症"成为当前青少年一种新的精神疾病。调查显示,我国青少年"网络成瘾症"的发病率高达15%。假如你的邻居家的孩子是一个网瘾少年,你的邻居向你讨教。你作为一名教师,会告诉他们哪些挽救网瘾少年的好办法?

（3）六年级学生张强，父母离异，远离同学的交往圈子，喜欢独来独往，不愿参加集体活动，他的性格有什么缺陷？你将怎样帮助他纠正？

5. 计划组织、管理协调类

校长委托你组织一次夏令营活动，你怎么开展工作？

学习记录

_____
_____

问题点拨

问题点拨

任务考核

新学期领导调你到一个双差班去当班主任，你怎么办？

任务评价

学生 5-4-1-1　任务完成评价表

班级：_____	姓名：_____	学号：_____	完成时间：_____			
任务名称：答辩训练						
评价内容与评价指标	不足之处	评价等级	评价主体			备注
			自评	互评	师评	
大方自信、回答有条理，有针对性，语言组织能力强，表达顺畅		优				
		良				
		中				
		差				
总结						

反思总结

表 5-4-1-2　任务学习过程总结表

班级：_____	姓名：_____	学号：_____	完成时间：_____
任务名称：答辩训练			
类别	索引	学生总结、要点记录	
知识点	一		
技能点	一		
存在的问题记录			
反思总结			

主要参考书目

［1］国家语委普通话与文字应用培训测试中心.普通话水平测试实施纲要(2021年版)[M].北京:语文出版社,2022.
［2］周芸,朱腾,等.教师口语表达与实践[M].北京:北京大学出版社,2023.
［3］陈传万.教师口语艺术[M].武汉:华中科技大学出版社,2022.
［4］王娟.教师口语教学研究[M].北京:九州出版社,2022.
［5］姚喜双.经典朗诵教程[M].北京:高等教育出版社,2022.
［6］刘继红.朗诵艺术基础[M].上海:上海教育出版社,2022.
［7］韩世姣.语文教师职业技能训练教程[M].北京:北京大学出版社,2022.
［8］邓天杰.普通话口语教程(第二版)[M].北京:清华大学出版社,2011.
［9］郑晓春.幼儿教师朗诵技能训练[M].上海:复旦大学出版社,2014.
［10］陆澄.诗歌朗诵艺术(第三版)[M].上海:上海人民出版社,2016.
［11］姜燕.即兴口语表达[M].济南:山东人民出版社,2013.
［12］张洁.教师口语训练教程[M].上海:华东师范大学出版社,2013.
［13］吴雪青.小学教师口语(第二版)[M].上海:华东师范大学出版社,2016.
［14］刘伯奎.教师口语训练教程(第三版)[M].北京:中国人民大学出版社,2017.
［15］刘丽静.教师口语表达技能实训教程[M].成都:西南交通大学出版社,2022.
［16］曹长德,孙晓青.教师职业技能训练教程[M].芜湖:安徽师范大学出版社,2017.
［17］山香教师招聘考试命题研究中心.面试与教学能力测试[M].北京:首都师范大学出版社,2012.
［18］林高明,陈朝蔚.片段教学实战训练教程(小学语文卷)[M].福州:福建教育出版社,2015.

图书在版编目(CIP)数据

教师口语训练教程/郑晓春主编.—上海:复旦大学出版社,2024.8
ISBN 978-7-309-17390-1

Ⅰ.①教… Ⅱ.①郑… Ⅲ.①小学教师-口语-教材 Ⅳ.①H193.2

中国国家版本馆 CIP 数据核字(2024)第 084003 号

教师口语训练教程
郑晓春　主编
责任编辑/张彦珺

复旦大学出版社有限公司出版发行
上海市国权路 579 号　邮编:200433
网址:fupnet@ Fudanpress.com　http://www.fudanpress.com
门市零售:86-21-65102580　团体订购:86-21-65104505
出版部电话:86-21-65642845
上海四维数字图文有限公司

开本 787 毫米×1092 毫米　1/16　印张 13.5　字数 346 千字
2024 年 8 月第 1 版第 1 次印刷

ISBN 978-7-309-17390-1/H・3380
定价:58.00 元

如有印装质量问题,请向复旦大学出版社有限公司出版部调换。
版权所有　侵权必究